부자되는
보험마케팅
성공의 법칙

부자되는 보험마케팅 성공의 법칙

RICH & INSURANCE

김동범 지음

중앙경제평론사

아름다운 보험 인생길을 활짝 여신

소중한 _____님께

행복의 마음 가득 담아 드립니다.

머리말

"No. 1! Only 1! Be the First !"

　어느 분야에서 일하든 성공하여 부와 명예를 누리며 살고 싶은 마음은 누구에게나 있다. 주변 사람들에게 최고의 대접을 받으며 알차고 행복한 인생을 살고 싶은 마음 또한 마찬가지이다. 이와 같은 꿈과 희망이 개인의 성장과 발전의 중요한 원동력이 된다.
　그러나 어느 한 분야에서 최고가 된다는 것은 쉬운 일이 아니다. 'TOP'이 되려면 자신이 하는 일에 애정을 가져야 하며, 'KASH의 법칙'을 생활화해 자신의 가치와 능력을 한껏 키워나가는 열정과 노력이 수반되어야 한다. 보험컨설턴트로서 확실하게 성공하고 싶다면 무엇보다 다음과 같은 슬로건을 기억할 필요가 있다.
　"No. 1! Only 1! Be the First !"
　남보다 더 많은 소득을 올려 존경 받고, 다른 보험컨설턴트들과의 경쟁에서 비교우위를 점하여 고객에게 차별화된 능력을 보여주려면 나만의 독창적인 마케팅 기술을 펼쳐야 한다. 즉, 최고가 되려면 자신만의 특별한 노하우(know-how)나 숨겨진 노웨이(know-way)를 찾아내 현장에서 유효적절하게 활용할 줄 알아야 한다.

최고가 되기 위한 솔루션을 찾고 로드맵을 착실히 밟아가면서 발품, 손품, 머리품은 물론 가슴품과 인품까지 팔 각오를 다져야 한다. 그래야 톱 컨설턴트가 되고 머문 일터에서 최고의 대접을 받을 수 있으며, 고객도 그에 상응한 대접을 한다.

보험영업에서 성공하기 위한 로드맵은 다양하다. 먼저 자신의 역량을 한껏 발휘해 영업에 올인하는 것이 지름길이다. 또 세일즈를 하는 단순한 보험설계사가 아니라 포괄적으로 마케팅을 추진하는 1인 CEO란 사업가적 마인드로 보험플라자를 운영해야 한다. 평생 붙박이로 영업을 해나갈 확고한 각오로 임해야 성공할 수 있다.

그런데도 급변하는 시장 환경에서 성공으로 향한 길이 잘 보이지 않으면 참으로 난감하다. 의욕은 있지만 방법을 잘 모르면 효율적인 영업동선을 찾지 못하고 먼 길로 돌아 힘들게 목적지에 이른다든지 아니면 자칫 지쳐 중도에 그만 주저앉을 수도 있다.

필자는 보험컨설턴트들이 수고를 줄이고 좀 더 빠르고 쉬운 영업 동선을 따라가 성공의 반열에 오르게 하고 싶은 소망을 안고 이 책을 쓰기 시작했다.

명퇴하기 전 한 보험사의 영업리더로서 꼴찌 점포를 일등 점포로 만들고 소속 보험설계사들을 모두 대형 설계사로 만든 실전 경험과 함께 그간 직간접적으로 접한 국내 보험판매왕 및 다른 분야 영업 성공자들의 주옥 같은 영업 노하우와 세계적인 보험판매왕들의 마케팅 기법을 벤치마킹하여 성공 솔루션을 제시한 것이다.

따라서 이 책에서 제시하는 보험마케팅의 비법을 완전히 익혀 필드에서 적용하면 자신이 바라는 소기의 목적을 달성할 것으로 확신한다. 이 책의 모든 독자들이 세일즈맨이 아닌 마케팅 전문가로서 황금률을 뛰어 넘는 백금률을 실천하여 성공의 방점을 확실히 찍고, 최고의 보험컨설턴트로 명예와 부를 누리는 가운데 보험의 기본정신인 노블리스 오블리주를 실천하길 간절히 바란다.

끝으로 가정을 반석 위에 올려놓으며 보험마케터로서 보험 인생 길을 자랑스럽게 걸어가고 있는 사랑하는 아내에게 이 책을 바친다.

보험 사랑을 실천하는 작가 **김동범**

차 례

- 머리말 … 7
- 프롤로그 – 고객과 함께 행복 일구는 수호천사 … 14

Part 1   보험컨설턴트 성공비결

급변하는 보험세일즈 트렌드 … 20
보험시장 변화에 앞장서자 … 24
톱이 되려면 정석영업을 하자 … 30
영업관리를 효율적으로 하기 위한 PDSCC사이클 운영 … 34
인생의 큰 그림을 그려라 … 37
보험영업으로 승부수를 띄워라 … 42
보험판매왕들의 영업성공 비결 벤치마킹 … 48

♧ 김동범의 아름다운 보험인생 편지
　└ 가정의 행복꾼을 조여주는 소중한 당신 … 52

Part 2   판매효율을 극대화하는 특급비법

영업효율을 지속적으로 극대화하는 소개마케팅 … 56
직역시장을 황금어장으로 만들어라 … 62
락인효과를 극대화하는 세대마케팅 … 69
영업동선을 최소화하는 인하우스 마케팅 … 73
구매욕구를 불러일으키는 통계마케팅 … 79
고아계약은 신규시장 확대의 보고 … 83
직역 내 상품설명회는 계약 양산의 시금석 … 87
상품설명회 효과 극대화 실천로드맵 … 92

♣ 김동범의 아름다운 보험인생 편지
   └ 나는 보험의 매력에 흠뻑 빠졌습니다! … 98

Part 3   나와 고객을 부자로 만드는 고액계약 체결비법

부자고객 확보해야 고효율·고소득 가능 … 102
부자마케팅에 인생을 건다 … 108
고객을 부자로 만들어라 … 114
디마케팅으로 영업효율화 제고 … 118
맛깔스러운 이벤트의 전략적 개최 … 124
미래가치에 합당한 재무플랜 제시 … 130
프레스티지 마케팅으로 베블렌 효과를 노려라 … 134
가치마케팅으로 퍼펙셔니스트 효과를 노려라 … 139

♣ 김동범의 아름다운 보험인생 편지
   └ 당신을 존경합니다. 그리고 사랑합니다 … 144

Part 4　고단수 심리마케팅 기법

고객을 저절로 불러들이는 밴드왜건 마케팅 … 148
고객을 빨아들이는 스토리텔링 마케팅 … 155
모방심리를 이용한 피그말리온 마케팅 … 162
군중심리를 이용한 PPL마케팅 … 170
협상전략을 이용하는 Door in the Face 기법 … 177
역공을 펼쳐 사로잡는 Foot in the Door 기법 … 184
거절에 약한 심리를 이용한 로우볼 마케팅 … 189
불안 심리를 전략적으로 유도하는 공포마케팅 … 196

♧ 김동범의 아름다운 보험인생 편지
　└ 여기 또 하나의 살가운 손길이 있습니다 … 204

Part 5　프로 FC의 영업비법

보장자산과 연금자산의 양수겸장 … 208
영업 아젠다는 보험포트폴리오 리밸런싱 … 211
가계자산운용 4분법 재무클리닉 … 215
인플레 헤지 기능에 알맞은 지속적인 관리 … 221
펀드재테크 파이 키우는 처세술을 익혀라 … 225
리크루팅은 최고의 영업 활력소 … 232

♧ 김동범의 아름다운 보험인생 편지
　└ 나는 당신이 있어 참 행복합니다 … 238

Part 6 충성고객 확보하여 평생 톱이 되는 비법

유망고객 충성화가 영업성공 가름 ··· 242
서포터스는 영업성공의 초석 ··· 247
1,000명 이상 확보, 연봉 2억 원 이상 ··· 251
매일 1명 이상 신규고객 만나 매월 10명 이상 순증 ··· 258
감성마케팅으로 헤도니스트 효과를 ··· 264
고객감동과 로열티 향상을 위한 행복컨설팅 ··· 270
이왕 보험컨설턴트를 하려면 감투를 써라 ··· 274
고객이 좋아하는 보험컨설턴트 베스트 21 ··· 280

♣ 김동범의 아름다운 보험인생 편지
└ 고객을 통해 당신의 행복도 가꾸세요 ··· 282

• 에필로그 – 보험마케팅 어떻게 하고 있나? ··· 284
• 부록 – 세계 보험판매왕들의 보험마케팅 성공 명언 ··· 290

프롤로그

고객과 함께 행복 일구는 수호천사

소중한 이여!
언제나 가족사랑의 가치를 곱게 전달하는 행복도우미여!
고객의 든든한 멘토임을 자임하는 열린 마음의 소유자여!
오늘도 만나는 사람들에게 행복바이러스를 전파하는 수호천사여!
항상 고객에게 안정된 삶의 향기가 뿜어져 나오도록
거니는 걸음걸음마다 단순한 내딛음이 아닌
삶의 진정한 가치를 부여해 주려 애쓰는 고마운 이여!
당신 몸 피곤하더라도 고객이 부르면 마다 않고
어느 곳, 어느 때라도 곧장 달려가 살갑게 맞으면서
그들의 인생설계를 옹골차게 해 주는 인생 카운슬러여!

당신은 지난날들을 어찌 보내셨나요?
당신이 지나가는 발걸음마다 심어 놓은

가족사랑의 씨앗이 탐스런 열매를 맺었나요?

당신을 기다리는 소중한 고객들을 위해

마음의 텃밭을 기름지게 갈아 놓으셨나요?

천릿길도 한 걸음부터라고 여기고

'하늘은 스스로 돕는 자를 돕는다' 는 진리를 되새기며

고객의 행복을 위해 인생재테크의 씨앗을, 그리고

자신을 위해 소중한 자산인 소개의 씨앗을 심으셨나요?

당신은 알 겁니다.

당신이 있음으로 인해 가정이 더욱

편안하고 화목해지는 고객들이 많다는 것을…

당신이 고객의 마음을 헤아리면서 해준

인생재테크 컨설팅클리닉 덕분에

꽁꽁 얼었던 가장들의 마음도 녹아

가족을 사랑으로 감싸 행복이 여울지게 한다는 것을…

그래서 당신은 알 겁니다.

그런 소중한 고객들이 가정의 소중함을 더 느끼고

그 고마움을 당신에게 소개로 표현해 주려 한다는 것을…

비록 일이 힘들고 다리가 빠근하게 아파와도

그냥 살포시 햇살 같은 웃음으로 답하면서

당연한 임무로 여기며 말없이 표현하는 당신

고객의 마음을 읽어가면서 보험의 가치를 전하기 위해

쉼 없이 발걸음을 재촉하는 당신

그 발걸음마다 담긴 진솔한 마음의 무게감이

더 큰 몫으로 당신에게 다가오길 바랍니다.

만나는 모든 이에게 행복을 심어주려 애쓰는 소중한 이여!

20대보다 30대가 좋고 30대보다 40대가 좋고

40대보다 50대가 좋고 50대보다 60대가 좋고

60대보다 70대가 좋고 70대보다 80대가 좋은…

그런 행복한 모습으로 아름답게 보내세요…

나이 듦에 따라 느끼는 인생을 향한 마음샘이

더 없이 기쁨으로 곱게 여울질 수 있도록 가꾸세요.

당신 안에 잠든 가치와 역량을 힘껏 발휘하여

인세나 향기높고 시들지 않는 예쁜 꽃으로 만들어

고객과 함께 이 시대를 멋있고 아름답게 가꾸어가는

고객 인생 행복의 수호천사가 되길 바랍니다.

당신이 머무는 곳마다 온 마음 담아 뿌려 놓은

행복바이러스가 곱게 퍼져 살맛나는 고객들만 있길,

누구나 선망하는 고소득 전문직업인이 되길 바랍니다.

기쁨으로 충만한 가운데 희망찬 하루가 열리고

오늘보다도 내일은 더욱 아름다운 보험인생이 펼쳐지도록

이 책을 벗 삼길 바랍니다.

Part 1
보험컨설턴트 성공비결

● 보험세일즈 성공 명언

보험회사에 입사하여 최고의 보험영업인이 되겠다는 목표에 나 자신을 던졌다. 그 목표가 내 삶을 이끌고 성공인생을 가져다주었다.

– 토니 고든(Tony Gordon)

급변하는 보험세일즈 트렌드

> 매일 새로운 것을 배워라. 보험업계는 너무나 빠르게 변한다.
> 하루라도 게으름을 피우면 변화 추세를 따라가기 어렵다.
> 성공을 여는 열쇠는 놀라운 집중력,
> 열정적인 태도, 변화를 이끄는 능력이다.
> – 프란 재코비(Fran Jacoby)

보험세일즈 트렌드 스타일의 변화 추이 주시

보험세일즈 트렌드 스타일(trend style)은 하루가 다르게 변한다. 보험시장이 다원화·다각화되면서 영업방식이 급변하고 있다. 셀러스 마켓(seller's market)에서 바이어스 마켓(buyer's market)으로 바뀌면서 경쟁은 날로 치열해지고 있다. 이에 따라 연고 위주, 단순개척 위주의 일방적인 밀어붙이기식 영업인 'push'형 세일즈 시대는 완전히 갔다. 이젠 비즈니스 연고와 협력자를 확보하여 고객을 내 편으로 유도하면서 고객의 코드에 맞춰 영업하는 'pull'형 세일즈로 전환되는 추세이다.

보험세일즈 트렌드 스타일의 변화 추이

구 분	지금까지의 보험세일즈	앞으로의 보험세일즈
세일즈 방식	실적에 치중하는 동적 영업	효율성을 중시하는 동선축소 영업
고객 발굴 방법	연고와 단순돌입 개척 위주의 공격적 아웃바운드 형태의 'push'형 세일즈	협력자 확보로 소개영업과 전략적 시장개척 가미한 인하우스 형태의 'pull'형 세일즈
고객 접근시 기본 전략	일방적 접근 또는 가입자격 요건 파악 후 공략	사전 고객정보 입수, 신뢰 구축, 친밀감(인간관계) 형성 후 공략
보험세일즈 프로세스	상품(서비스) 제안→효용성 강조(단순히 보험상품 권유)→계약체결→사후서비스→고객의 상품효용 만족	재무설계 차원에서 보장플랜→계약체결→사후서비스→가치만족(고객감동)→로열티 향상 통한 소개 확보
보험컨설턴트에 대한 고객의 인식	보험상품을 권유하는 세일즈맨	가정의 재무설계를 종합적으로 컨설팅하는 금융주치의
직업의식	보험컨설턴트로서 자긍심 부족, 평생직장 개념 없음	FC로서 자긍심 고양, 평생직업관 확립, 전문가 자질 구축 노력

보험시장의 파이가 작아지는 시장트렌드

보험시장을 둘러싼 환경이 반갑지 않은 모습으로 바뀌고 있다. 현재 우리나라 가구당 보험가입률은 세계 최고수준이다. 보험개발원에서 전국 가구를 대상으로 실시한 '2009년 보험소비자 설문조사' 결과 우리나라의 가구당 보험가입률(생명·손보 모두 포함)은 약 97.4%이다. 보험선진국인 미국의 경우 가입률은 약 80%로 우리보다 낮으며 세계 최고의 가입률을 자랑하는 일본(87%)보다도 높다.

이제 우리나라 보험시장은 거절체, 표준하체, 미성년자, 노령자 등

가입할 수 없거나 가입하기 곤란한 층을 제외하면 포화상태라 해도 지나친 말이 아니다.

더구나 자본시장법 시행, 금융지주회사법과 보험업법의 개정으로 복잡한 상품이 등장했으며, 다른 금융권과 경쟁이 심화되고 소비자 권익이 강화되면서 보험산업 전반에 일대 변화가 예고되었다.

방카슈랑스(Bancassurance), 홈슈랑스(Homesurance), 인슈랑스(Insurance) 등 온라인과 오프라인을 불문하고 보험판매 채널이 많아지고 있다. 외국처럼 마트, 프랜차이즈 등에서도 보험상품을 선택해 가입하는 상품 어슈어러(Brand-Assurer) 시대가 열릴 것으로 보여 FC들의 입지는 점점 좁아지고 있다.

보험영업 판매채널 체계 다변화 추이

영업형태	판매채널	시장(영업대상)	업무대행	보험관리
보험사 직영	보험설계사, 보험대리점	방문고객 (활동시장)	보험사 지점, 보험대리점	보험사 자체 (본점, 본부)
	텔레마케터	TM(DB)시장	TM(콜)센터	
	DM마케터	DB시장	DM센터	
	인터넷	네티즌	e-mail센터	
업무제휴 대리점	인터넷	네티즌	일반산업체	보험사 위탁
	점두판매	내방고객	금융기관, 일반산업체	
	제휴판매, 온라인 판매	내방고객, TM(DB)시장, 홈쇼핑	일반산업체, CA, 텔레비전업체	
전업회사		인터넷, TM(DB)시장	보험사, 일반산업체, 금융기관	자체운영

이런 요소들은 위기요인으로 작용하지만 ① 생명·손보 교차판매(cross selling), ② 현금흐름방식의 보험료 산출제도 도입에 따른 해약환급금 비율 제고, ③ 인구의 36%를 차지하는 베이비붐 1, 2차세대(1955~1975년생)의 실질 보험수요 증가, ④ 전문가 선호시대에 FC 선호도 증가 및 평생 금융주치의 역할 수행 요구, ⑤ 고령화 진전으로 연금보험과 LTC보험, 종신보험시장 성장, ⑥ 보험사간 보험가격 차별화 등은 영업성장 동력을 더욱 증폭시킬 기회요인이 될 수 있다.

♣ 톱 에이전트가 전하는 성공 노하우

특별한 비전을 가져라. 당신은 왜 보험영업을 하는가? 이 일에서 무엇을 성취하고 싶은가? 원하는 것이 무엇인지 명확할 때 이미 성공은 시작된 것이다. 누구도 내게 최고가 되라고 한 사람은 없었다. 그 목표는 내가 정했고 내가 해낸 것이다.

– 토니 고든(Tony Gordon)

보험시장 변화에 앞장서자

> 변화를 두려워하지 마라. 결코 배우기를 멈추지 마라. 트레이닝을 받고 새로운 기술을 익혀 활용하여 차별화된 모습을 보여줘라. 그것이 보험에이전트로서 성공을 향한 로드맵이다.
> – 솔로몬 힉스(Solomon Hicks)

고객의 니즈를 간파하라

보험시장의 열린 환경과 정보화시대 진입은 고객들에게 보험상품 취사선택의 기회를 넓혀줘 고객들은 점점 더 영리하게 여기저기 알아보면서 보험에 가입하는 상황이다. 이러다보니 오늘은 내 고객이었지만 내일은 다른 모집채널조직 또는 다른 보험사의 고객이 될지 모르는 치열한 각축전이 벌어지고 있다.

고객들은 인터넷으로 정보와 보험 혜택을 꼼꼼히 따져보는 실리 지향적 구매 패턴을 보이는데, 이는 바로 보험사와 보험컨설턴트들에게 새로운 보험세일즈 문화를 요구하는 신호이다.

조지 피켓(George Pickette) MDRT(Million Dollar Round Table, 백만달러원탁회의) 회장은 우리나라를 방문했을 때 "텔레비전, 자동차, 컴퓨터에는 매뉴얼이 들어 있지만 월급봉투에는 매뉴얼이 없다. 보험에이전트는 고객들에게 인생을 어떻게 설계해야 할지 조언해야 한다. 이것이 급변하는 보험시장의 생존전략이며 소득을 더욱 올릴 수 있는 비결이다"라고 말했다.

성공하려면 현실에 안주하지 말고 적극적으로 대응하면서 세일즈트렌드에 맞춰 부단히 변해야 한다. 고객들의 보험니즈뿐만 아니라 구매욕구까지 환기시키는 라이프코드 컨셉클리닉을 어떻게 실행할지 끊임없이 연구하고 실전에 적용하면서 전략적 마케팅을 펼쳐야 한다.

영악해지는 고객 앞에 당당히 서라

급변하는 보험환경에서 변화의 주역이 되어 '톱'으로 자리매김하려면 성장의 걸림돌인 체인지 몬스터(change monster)를 하루빨리 제거하고 패러다임 시프트(paradigm shift)를 주도해야 한다.

적자생존인 시대에 내 땅(area)을 확고하게 만들어놓고 특화된 전략적 마케팅을 추진하지 못하면 고소득을 올리는 확실한 성공을 거두기 힘들다.

시장원리에 비춰볼 때 어제의 고객이 반드시 오늘의 고객이 된다는 보장은 없다. 같은 질과 값으로 경쟁해도 단골을 놓칠 수 있다. 따라서 어제의 고객을 어떻게 오늘의 고객으로 유지하느냐가 고객관리의 지혜인데, 그 지름길은 나만의 독특한 노하우를 개발하고 차별화된 마케팅전략을 세워 고객 로열티를 향상시키는 것이다.

고객이 선호하는 주문형상품(order made goods)의 독점적 위치를 공고히 하려면 재무클리닉 능력을 갖춘 전문 라이프케어(life care)로 거듭나야 한다.

고객은 앞서나가는데 제자리걸음을 할 짬이 없다. 고객은 단순히 보험상품 컨설팅만 잘해주는 사람을 원하지 않는다.

고객들은 금융클리닉 전문가로서 고객의 평생가치(life time value of customer)를 실현하기 위해 인생재테크(생활보장을 기본전제로 고객자산의 가치를 높이고 삶의 질을 향상시켜 고품격의 평화로운 삶을 영위하도록 해주는 인생 행복설계) 동반자 역할까지 수행하기 바란다. 가입한 보험상품이 모든 혜택을 받고 소멸하는 날까지 하자 없이 관리하는 진정한 재무컨설턴트를 요구한다.

자신의 이미지를 차별화, 고급화, 전문화하라

진화론으로 유명한 생물학자 찰스 다윈(Charles Robert Darwin)은 "가장 강하거나 똑똑한 종(種)이 살아남는 것이 아니라 변화에 가장 잘 적응하는 종이 살아남는다"라고 했다. 보험판매채널 다변화시대에 입지를 확실하게 굳히려면 기존 세일즈 패러다임을 전환하여 이미지 차별화, 고급화, 전문화, 감성화를 꾀하면서 어떻게 영업해야 고객 마음의 포지셔닝을 얻고 보유고객을 늘릴지 확실하게 알고 변화의 물결에 적극 대처하면서 과감하게 혁신해야 한다.

고객도 인터넷시대를 맞이해 다방면으로 깨어 있다. 보험상품도 어느 정도 알고 있어서 자칫 서툴게 설명하면 무안을 당할 수도 있으므로, 전문지식으로 재무장하고 컨셉클리닉 능력을 향상하는 데 소홀함이 없어야 한다.

12년 동안 수녀이자 수학교사로 생활하다 보험에이전트가 되어 30년 이상 일하며 고객들 삶의 동반자가 되면서 업적을 많이 남긴 미국의 조안 매튜스(Joan Mathews)가 "성공하는 에이전트가 반드시 지녀야 하는 특성은 자기 훈련, 자기 존중의식, 자기통제이다"라고 했듯이 보험시장의 변화를 세일즈 내공을 다지는 절호의 기회로 삼아 비교우위를 선점하는 최고의 전문가로서 부족함이 없게 가꿔야 한다.

고객들의 다양한 구매 욕구를 충족하는 수준 높은 보험서비스를 해야 비로소 치열한 경쟁에서 비교우위에 설 수 있다.

일을 즐겨야 업적도 오른다

긍정심리학의 창시자인 세계적인 심리학자 마틴 셀리그만(Martin E. Seligman)은 미국 메트라이프(Metlife)보험사의 신입에이전트를 대상으로 감성지능과 관련된 실증분석을 했다. 대상자들을 입사시험 성적에 관계없이 낙관성 정도에 따라 높은 집단과 낮은 집단으로 나눈 후 두 집단의 보험매출액을 분석했다.

그 결과 낙관적 시각을 지닌 집단은 비관적 시각을 지닌 집단보다 첫 두 해 동안 37%나 높은 성과를 거뒀다. 반면 비관적 시각을 지닌 집단은 첫해에 그만둔 비율이 낙관적 시각을 지닌 집단에 비해 두 배나 높았다.

마틴 셀리그만은 결과를 분석하면서 "보험 영업사원이 실패를 다루는 방식이 최우수 영업사원이 되느냐 아니면 회사를 떠나게 되느냐를 결정한다. 낙관적 시각을 지닌 세일즈맨은 비관적 시각을 지닌 세일즈맨보다 영업실적이 훨씬 높다"라고 결론지었다.

어차피 해야 할 일이라면 적극적이고 긍정적인 자세로 즐기면서 해야 일의 능률이 오른다는 점을 입증한 연구사례이다.

보험컨설턴트가 고소득 직업이지만 모든 세일즈가 그렇듯 영업활동에는 시련이 많이 따를 수 있다. 비온 뒤에 땅이 굳어지듯 일할 때는 어떠한 난관이 있어도 뚫고 나아가려는 강한 열정과 적극적이고 긍정적인 사고를 지녀야 한다.

필드로 나갈 때는 거울 앞에 선 자신의 모습에 신념화 기운을 불어넣자. '나는 할 수 있다'는 확고한 신념으로 무장하여 내 안에 잠자는 거인(잠재능력)을 깨워 성공을 향해 힘차게 나아가자.

톱이 되려면 정석영업을 하자

> 보험영업의 정석은 먼저 목표를 확실하게 갖고 보험광이 되고 난 후 사람을 만나는 것이다. 만나되 보험을 살 가능성이 있는 고객을 만나야 한다.
> – 프랭크 베트거(Frank Bettger)

보험세일즈 성공의 출발점은 정도

연초면 보험업계에는 누가 연도대상 물망에 올랐다느니, 누가 연봉을 얼마나 받는다느니 하는 보험컨설턴트들의 성공 신화가 회자된다. 매스컴에서는 각 보험사의 판매왕 타이틀을 거머쥔 FC들의 성공 비화를 다룬다. 그런데 어느 해이건 보험판매왕들이 연도대상을 탈 수 있었던 성공비결은 모두가 아는 평범한 이야기였다는 점이 특이하다. 즉 성공에는 왕도가 없음을 증명한 셈인데 바로 여기에 성공의 실마리가 있다.

보험세일즈의 성공 이면에는 거창하고 화려한 노하우나 비책이 있는 것이 아니다. 보험판매왕들은 정도를 걸으면서 더 열심히 했을 뿐이다. 원칙에 입각해 영업 아젠다를 세운 후 보험가치를 정립하고 지식 인프라를 구축하면서 날마다 성공을 향한 씨줄과 날줄을 엮어나가는 것이 성공을 가져다준다. 너무 급히 가려 하지 말고 내딛는 발걸음마다 무게중심을 잡아 목표를 향해 가면 가까운 어느 월말 또는 연말에는 자신이 세운 목표를 완수할 것이다.

정석에 따라 개척활동을 하라

치열한 시장경쟁에서 우위를 점하고 위치를 굳건히 하려면 정석영업에 몰입해야 한다. 영업의 정석은 예나 지금이나 개척영업이다. 신인의 자세로 돌아가 개척영업을 하여 소개확보라는 소중한 씨앗을 심고 가꾸는 패러다임 시프트가 이루어져야 한다.

개척활동은 신인들의 전유물이 아니다. 베테랑들이 간혹 매너리즘에 빠지는 가장 큰 이유는 스스로 어렵고 힘든 개척시장에 뛰어들려 하지 않기 때문이다. 자신을 변화시켜 더욱더 큰 인물이 되게 하려는 생각을 체인지 몬스터가 방해하기 때문이다.

영업실적이 정체하거나 소득이 잘 오르지 않고 고객들이 이탈할 조짐을 보일 때에는 그 해결방안을 모색해야 한다. 가족과 친지, 지인 등 자연연고에 의존하려는 생각은 떨쳐내고 개척활동으로 키맨을 확보하고 소개영업을 해야 한다. 급변하는 보험시장의 물꼬를 영업의 정석인 개척으로 다시 돌려 주인공으로 안착하자.

소득목표 달성에 매진하라

보험판매왕이 되려면 보험컨설턴트로서 인생을 마감한다는 각오를 다지며 연간 소득목표를 확실하게 정하고 이에 따라 계획성 있게 일을 추진해야 한다. 소득목표를 달성하기 위한 업적 제고가 성공의 최대 터닝 포인트인데, 이를 추진하려면 피시본(Fishbone)의 기본적 원리에 따라 다이어그램을 그리고 세부전략을 강구해야 한다.

일일실천계획을 작성해 조회 후 즉시 실행하고, 귀소 뒤에는 하루 일과를 피드백하고 다음 날 일처리를 효율적으로 하기 위한 사전작업과 터치 툴을 늘 만든다. 특히 귀소 뒤에는 시간을 낭비하지 않게 실행 불가능한 요소를 확실히 짚고 넘어간다. 최우선으로 할 일과 오늘 할 일을 하자 없이 추진할 수 있는 알찬 계획과 실천이 영업 성공의 방점이다.

보험영업에 성공하기 위한 컴플라이언스 실천로드맵

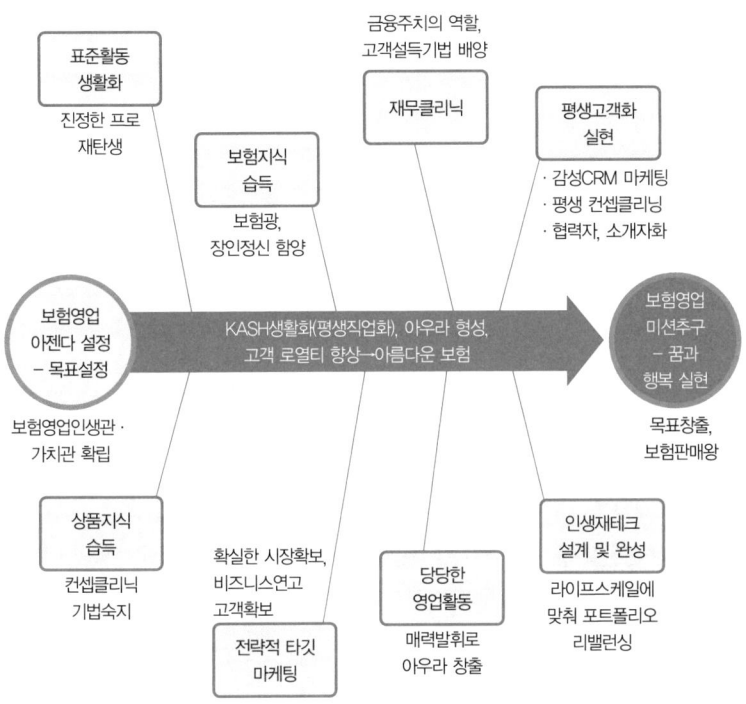

♣ 톱 에이전트가 전하는 성공 노하우

반드시 영업의 원칙을 지켜라. 이는 지키기 어려울 수도 있지만 정말로 좋은 기회를 잡기 직전에 그만두는 에이전트들을 많이 보았다. 특히 신인 에이전트들은 처음 5년 동안은 보험영업을 지속하기 위해 필요한 원칙을 수행하는 습관을 반드시 길러야 한다.

― 시드니 프리드먼(Sidney Friedman)

영업관리를 효율적으로 하기 위한
PDSCC사이클 운영

보험 사업에서 성공하려면 항상 유연하게 대처해야 한다.
끊임없는 노력이 따라야 한다.
오늘 성공한 판매기술이 내일의 성공을 가져다준다는 보장은 없다.
- 시바타 가즈코(芝田和子)

영업스타일을 일일마감 체제로 바꿔라

　FC들은 대부분 한 달 단위로 영업계획을 정하고 실천하는데 이는 급변하는 보험시장에는 맞지 않는다. 한 달 영업마감 체제로는 회사(지점, 팀)에 끌려가는 수동적인 활동밖에 하지 못하기 때문에 매너리즘에 빠진 영업인생을 살아가게 된다. 그러면 새로운 내일, 내달, 한 해가 와도 연말에 자신의 발전된 멋진 모습을 기대하기 힘들다.
　보험컨설턴트는 인트러프러너(Intrapreneur, 기업 내 개인사업자)에 걸맞은 영업의 길을 가야 한다. 자신의 성장에 장애가 되는 체인지 몬

스터를 하루빨리 제거해 영업스타일을 과감하게 바꿔야 한다. 날마다 영업관리 사이클을 실천해 새로운 내일을 맞이해야 오늘보다 더 나은 내일이 다가온다.

보험컨설던트는 조직에 끌려가는 영업인생이 아니라 스스로 영업인생을 관리하고 창출하는 스타일로 바꾸어 영업관리 사이클을 운행해야 한다.

PDSCC사이클을 운영해야 자기성취 가능

이를 실천하려면 먼저 목표관리 사이클에 맞춰 일일영업을 생활화하는 것이 중요하다. 오늘 해야 할 일에 대하여 ① 뚜렷한 목표와 표준을 세워(plan), ② 이를 실천하고(do), ③ 귀소 후에는 실행 결과와 목표의 차이를 발견하며(see), ④ 세밀히 체크(check)하고, ⑤ 올바로 처리하는(control) 피드백 과정을 늘 행해야 한다. 이를 '효율적인 영업관리를 위한 PDSCC사이클'이라 한다.

즉 ① 일일 영업활동일지 작성, ② 일일 고객방문일지 작성, ③ 고객카드 DB화, ④ 익일 방문고객 사전 점검과 당일 방문결과 분석, ⑤ 익일 방문고객에 대한 세일즈 터치 툴 작성과 오늘 방문한 고객에게 제공한 세일즈 터치 툴에 대한 반응 점검, ⑥ 매일 해피콜과 콜드콜을 할 고객 명단 작성과 실천 여부, ⑦ 매일 고객의 기분을 좋게 만들어주는 감동의 문자메시지 전송과 횟수 체크, ⑧ 고객생활에 유익한 자료 전송 횟수와 반응 체크, ⑨ 정기적으로 판촉용 DM을 보낼 고객과 보낸 후의 반응 체크, ⑩ 자연연고 고객의 비즈니스 고객화와 소개의 불씨 확보 등이 하루도 빠짐없이 이루어지도록 엄격하게 팔로우 업(Follow-up)한다.

♣ 톱 에이전트가 전하는 성공 노하우

보험영업을 잘하려면 세 가지 특징을 지닌 사람을 찾아야 한다. 첫째, 가족과 직원들을 책임져야 하는 사람을 찾아라. 둘째, 결정을 내릴 수 있는 사람이어야 한다. 셋째, 경제적으로 큰 성장잠재력을 갖춘 사람이어야 한다. 항상 어디에 이런 사람들이 살고 있는지, 어디에서 이런 고객들을 찾을 수 있는지 유심히 살펴야 한다. 내가 보험영업을 처음 시작했을 때에는 두 가지 집단에서 그들을 발견하려고 했다. 하나는 내가 알고 있는 사람들(이미 만났던 사람들)이었고, 다른 하나는 내가 이미 아는 사람이 아니라 내가 알 수 있는 사람, 즉, 접근하기 쉬운 사람들이었다.

― 브루스 에서링턴(Bruce Etherinton)

인생의 큰 그림을 그려라

> 보험영업으로 성공하고 싶으면
> 최소한 10년 동안은 신규고객 확보에 매진하라.
> 그리고 늘 고객에게 소개확보를 받아낼 수 있게
> CRM마케팅을 지속적으로 전개하라.
> – 조지 피켓(George Pickette)

분명한 목표는 부와 성공의 출발점이자 지름길

1953년 하버드대학에서는 졸업생 100명에게 꿈이 있는지, 장래목표가 무엇인지를 조사했다. 조사 결과 84%의 학생은 명확한 꿈이나 목표가 없었고, 13%는 꿈이나 목표는 있었지만 특별하게 기록하지는 않았다. 단지 3%만이 명확한 꿈과 목표가 있었고 그것을 기록하여 들여다보곤 했다. 전체 학생의 3%만이 왜 지금 공부하는지, 나중에 무엇이 될지 삶의 목표가 뚜렷했다.

그로부터 25년이 지난 뒤 그 졸업생 100명을 추적 조사한 결과 3%

에 속했던 학생들의 수입이 나머지 97%의 수입을 합한 것보다 무려 10배나 많았다. 특히 분명하게 목표를 제시하지 못했던 84%의 학생들은 대부분 그럭저럭 살고 있었다.

이 결과는 꿈과 목표를 정하고 기록하여 늘 상기하면 틀림없이 성공하고 부를 쌓을 수 있음을 알려준다. 확실한 목표설정과 실현의 구체성 정도가 성공과 실패의 갈림길임을 반증하는 중요한 사례이다.

세일즈의 귀신이라는 엘머 레터맨(Elmer Letterman)은 미국에서 50년 동안 보험세일즈를 하면서 만난 수많은 사람을 관찰한 결과 '세일즈맨 성공에 가장 필요한 것은 목표의식의 강렬함과 일에 대한 열정'임을 알아냈다.

환경이 비슷한 두 사람 가운데 성공하는 사람은 항상 목표의식이 투철한 쪽이었다고 한다. 실제로 성공한 사람들의 면면을 살펴보면 인생에 분명한 목표가 있고 그 목표를 실현하기 위해 끊임없이 실천방법론을 모색한다.

미국 보험 역사상 흑인으로서 혁혁한 업적을 세운 솔로몬 힉스가 "목표를 향해 매진하면서 이루려고 애쓸 때 소득과 챔피언 자리는 저절로 다가오기 마련이다. 언제 그 꿈이 달성될지 모른다 해도 결코 포기하면 안 된다. 목표는 꿈에 도달하는 계단이다"라고 한 말을 음미해 볼 필요가 있다.

평생 영업할 각오로 한 우물만 판다

보험컨설턴트가 되어 성공하려면 어떤 목표를 세우고 어떤 조건을 충족해야 할까? 성공의 잣대는 직업을 갖고 난 후 나와 똑같이 출발한 동료 가운데 내가 3% 안에 들어가는지 따져보면 된다. 하버드대학 연구결과가 보여주듯 100명 가운데 3등 안에 들어가면 성공인생을 사는 것과 진배없다.

마찬가지로 보험컨설턴트(보험설계사, 보험대리점, 보험관리사, TM, 점두판매 등 모든 보험판매채널 조직의 보험영업 종사자 포함) 약 23만 명 가운데 3%(약 7,000명) 안에만 들어가면 성공영업을 하고 있다고 할 수 있다. FC로 3% 안에 들어가면 경제사회의 성공 잣대인 연간 1억 원 이상의 소득을 올릴 수 있기 때문이다.

평생 연봉 1억 원 이상을 올리려면 확보한 유망고객층이 매우 두꺼워야 하고, 고객들이 보험혜택을 받을 수 있게 오래 근무해 소개확보가 더 많이 이루어지게 해야 한다.

각종 통계치를 보면 우리나라 전체 보험컨설턴트의 평균 근속기간은 3.4년 정도이다. 10년 이상 근무한 사람은 2%도 안 되고, 20년 이상은 가뭄에 콩 나듯 한다.

그런데 미국은 20년 이상 근무한 보험에이전트가 5% 이상이라고 한다. 이는 오래 근무하면서 고객과 인생동반자로서 재무클리닉을 지속적으로 해 보람을 갖고 일하는 보험컨설턴트가 우리나라보다 상대적으로 많음을 의미한다.

과일나무와 마찬가지로 장기상품인 보험의 씨앗이 튼실히 움트려면 적어도 10년 이상은 뿌리를 내려야 한다. 그 뒤로는 효율적인 관리만으로도 계속 수확할 수 있다. 뚜렷한 목표의식을 갖고 20년 이상 보험컨설턴트로 일하는 것은 성공인생을 사는 것과 다름없다.

10년 이상 신규고객 확보에 매진하라

업계최고의 소득을 올리는 삼성생명의 예영숙 씨는 29세에 보험회사에 입사하여 고객 섬김의 자세로 컨셉세일즈를 하면서 로열티 향상에 매진한 결과 10년 넘게 보험판매왕으로서 입지를 굳히고 있다.

MDRT협회장 조지 피켓은 "성공세일즈맨이 되려면 신규고객을 최대한 많이 확보해야 한다. 10년이 될 때까지는 신규고객 개발에 역량을 집중해야 보험영업에서 성공할 수 있다"라고 했다.

조지 피켓은 또한 "보험에이전트 초기 10년까지는 신규고객이 늘면서 고객의 말을 듣고 이해하는 학습과정이므로 고객을 많이 확보해야 단골고객도 증가하고 또 소개영업으로 이어질 수 있다. 보험에이전트가 고객과 장기간 관계를 맺는 것은 재정컨설턴트로서 기본 영역이며 의무이다"라고도 했다.

즉 미래에 상품구매에 따른 효용가치가 발생하는 보험의 특성상 10년 이상 유망고객을 확보하기 위한 씨앗을 심어야만 튼튼한 소개확보의 불씨를 남겨 고소득을 올리면서 평생 직업으로 만들 수 있다. 따라서 10년 이상 신규고객 확보에 매진하면서 CRM(Customer relationship management)을 잘해 로하스적인 생활로 물들어 노후를 풍요롭게 만들어야 한다.

> ♣ 톱 에이전트가 전하는 성공 노하우
>
> 보험업에서 처음 4년은 일하는 기간으로 여기지 말고 보험대학(Insurance University)으로 여겨라. 경력 5년째를 보험에이전트 시작 첫해로 삼고 그해 수입을 첫해의 변호사 수입과 비교해보라. 누가 더 많이 버는가? 그때부터 앞으로 잠재된 수입은 누가 더 많은가? 처음 4년 동안은 일로 여기지 마라. 보험에이전트가 머무는 곳은 대학이다. 당신은 학교에 다니면서 월급을 받는 거다.
>
> — 버트 마이즐(Burt Meisel)

보험영업으로 승부수를 띄워라

> 성공은 당신이 성취하고자 하는 불타는 의욕을 지닌 대상에 모든 힘을 집중하는 것이다.
> – 월프레드 피터슨(Wilfred Peterson)

한 우물을 깊게 파야 성공한다

보험세일즈로 성공하여 회자되는 사람들에게는 공통점이 있는데, 바로 평생 한 우물만 파면서 인생의 승부수를 띄웠다는 점이다.

미국에서 보험에이전트로 업적을 많이 남긴 클라우드 스터블필드(Claude Stubblefield)는 22세부터 93세까지 무려 70년이 넘도록 보험 영업을 했다. 20년 만에 백만장자 반열에 오른 그의 고객은 4,000명을 넘었으며 두 아들과 손자도 보험영업을 하고 있다.

"인생에서 성공을 바란다면 언제나 주어진 일에 최선을 다하고 한 우물을 파야 한다"라는 명언을 남긴 알프레드 그래넘(Alfred Granum)은 전 세계 보험인들에게 존경받는 인물로, 24세에 보험에이전트가 되어 50년 넘게 열정적으로 일했다.

일본에서 판매의 신이라 불리는 하라 잇페이(原一平)는 25세에 메이지생명에 입사하여 45년 동안 놀랄 만한 업적을 남겼다. 43세부터는 15년간 한 번도 빠짐없이 일본 보험판매왕에 올랐다. 1962년에 MDRT 회원이 된 이후 17회 연속 선출되어 종신회원 자격을 얻은 입지전적 인물이다.

"보험세일즈는 한 우물을 파면서 소개를 받아야 확실히 성공할 수 있다." 이는 30년 넘게 보험영업을 하면서 23년 동안이나 정상을 차지했고, 여성으로서 세계최초로 생명보험협회장을 역임한 시바타 가즈코가 한 말이다.

"수십 년간 한 우물을 파면서 언제나 한결같이 진심으로 고객을 대한 결과 오늘 이 자리까지 오게 됐다. 건강이 허락할 때까지 컨설턴트 일을 계속하고 싶다." 이는 26년 넘게 보험컨설턴트로 일하면서 다섯 차례나 보험왕에 오르는 등 탁월한 업적을 이뤄 FP명예전무로 승진하였고 전 세계 보험에이전트의 꿈의 무대인 '2009 MDRT 연차총회'에서 한국인 최초로 성공노하우를 발표한 교보생명의 강순이 씨가 한 말이다.

자기계발과 동기부여 전문가이자 성공학 대가인 브라이언 트레이시(Brian Tracy)는 "사람이 한 가지 일만 열정적으로 잘해도 성공적이고 행복한 인생을 살아갈 수 있다"라고 강조했다. 한 우물을 파되 맑은 물이 나올 때까지 혼신을 다해 파라는 말이다.

보험세일즈로 아름다운 인생을

보험판매왕들의 또 다른 공통점은 보험영업으로 인생의 승부수를 띄워 성공한 뒤에는 그 경험을 적극 살려 더 높은 가치를 추구하여 부와 존경을 거머쥐고 인생을 아름답게 갈무리했다는 점이다.

프로야구 메이저리그 선수였던 프랭크 베트거는 부상 때문에 은퇴한 뒤 보험에이전트가 돈을 잘 번다는 것을 알고는 29세에 피델리티생명보험회사에 입사했다. 입사 첫해에는 수많은 거절로 갈등을 겪어 몇 번이고 포기하려 했지만 날마다 고객을 5명씩 직접 만나는 것을 하루도 빠짐없이 실천하면서 대인공포증을 극복하고 자신감과 열정을 불살랐다.

거절에 효율적으로 대처하는 방법을 터득하고 고객관리를 철저하게 하여 5년째부터는 전국 랭킹 5위 안에 들어 55세까지 톱을 달리면서 보험업계에서 자신을 가장 성공한 사람으로 변모시킨 전설적인 보험 에이전트가 되었다.

　은퇴 후에는 데일 카네기(Dale Carnegie)와 함께 미국 전역을 순회하면서 세일즈맨을 비롯한 수많은 사람에게 자신의 실패와 성공노하우를 설파했다. 그의 성공사례는 전 세계 세일즈맨들의 교본으로 읽힐 만큼 그는 유명한 베스트셀러 작가요 성공한 컨설턴트였다.

　20년간 교사로 생활하다가 보험에이전트가 되어 20년 넘게 타의 추종을 불허할 만큼 탁월한 업적을 올린 미국의 전설적 보험설계사 버트 팔로(Bert Palo)는 유명한 컨설턴트이자 연설가로 이름을 남겼다.

　미국 세일즈맨 역사에 영원히 남을 업적을 올린 클레멘트 스톤(W. Clement Stone)은 보험에이전트인 어머니의 뒤를 이어 16세 때 보험사에 입사하여 30년 넘게 영업한 다음 보험사의 오너가 되었고, 다른 사업도 펼쳐 그룹 회장으로 억만장자가 되었다. 그는 보험영업으로 얻은 산 교훈을 바탕으로 전 세계 세일즈맨들의 교육지표로 활용되는 '할 수 있다'는 확신을 심어주는 신념화 훈련인 PMA(Positive Mental Attitude)를 창안하기도 했다.

　미국의 보험에이전트들에게 모범적 보험에이전트 상(像)을 보여준 솔로몬 힉스는 45년 넘게 일하면서 푸르덴셜생명 역사상 최고의 세일즈맨으로 뚜렷한 족적을 남겼다. 그는 유명컨설턴트로서 세계를 누비며 많은 보험컨설턴트들에게 훌륭한 멘토 역할을 하면서 제2인생을 멋지게 살고 있다.

고객의 인생재테크 동반자

보험컨설턴트는 고객 가정의 행복을 설계하는 훌륭한 직업인 동시에 효용이 늦게 발생하는 무형의 상품을 판매해야 하는 가장 힘든 일이다. 영업목표는 고객의 가정을 더 많이 보호하고 더 많은 고객에게 만족을 주는 것이다. 판매상품은 가족의 보장, 마음의 평화, 인간의 존엄, 위험에 따른 불안과 공포로부터의 해방, 결핍으로부터의 해방 등 생활안정과 마음의 행복에 관한 것들이다.

보험컨설턴트는 가족 사랑과 소유의 기쁨, 희망과 꿈, 생활의 안정과 행복을 팔아야 하므로 오늘이 아니라 내일을 판매하는 직업이다. 따라서 고객에게 불의의 보험사고가 발생했을 때 내 가족처럼 유가족의 트라우마(trauma)를 다독이면서 삶에 긍정의 힘을 갖게 배려해야 한다.

변액보험상품의 경우 고객의 인생재테크가 무르익게 하려면 10년 넘게 펀드포트폴리오 리밸런싱 작업을 하면서 펀드변동성을 체크해 펀드보유좌수를 늘리고 펀드수익률과 적립금액의 꼭짓점을 파악해야 한다.

고객이 당초 설정한 목적자금을 만족하는 수준에서 마련할 수 있게 지속적으로 재무클리닉을 해야 한다. 고객이 지불한 돈의 가치에 보답받는다고 느끼게 해야 한다. 올바른 재무클리닉으로 자산관리와 형성이 조화롭게 이루어져 고객의 삶이 행복하게 펼쳐질 수 있게 게이트키퍼(gate keeper)가 되어야 한다.

따라서 보험지식에만 입각해 단순히 논리적으로 판매하지 말고 마음을 통해 가슴으로 판매해야 한다. 자신보다는 고객의 이익을 위해서 팔려는 의욕이 충만할 때 고객은 한층 빨리 OK사인을 보내게 된다.

고객은 이런 FC에게 생애설계와 인생재테크를 일임하면서 그들을 삶의 동반자로 여기게 되고, FC에게는 그 보답으로 알토란 같은 소득이 발생한다. 고객의 인생재테크를 올바로 완성해주어 고객이 만족할 때 자신도 성공하여 그에 따르는 소득을 올릴 수 있다.

이런 제반 조건이 무르익을 경우 그 누구도, 어느 전문직도 부럽지 않는 일당백의 FC가 될 것이다. 이렇게 하려면 입사 후 오로지 '보험영업으로 인생의 승부를 걸겠다. 평생 고객과 함께하겠다'는 굳은 결심이 선행돼야 한다. 이는 평생영업의식을 갖지 않으면 힘들다.

인생에서 가장 큰 보금자리인 가정과 직장 모두 알차게 영글도록 보험영업 성공인을 벤치마킹해 아름다운 인생을 만들어보자.

보험판매왕들의
영업성공 비결 벤치마킹

> 성공하는 사람들이란 자기가 바라는 환경을 찾아내는 사람들이다.
> 발견하지 못하면 자기가 만들면 된다. 성공의 열쇠는 누구에게나 주어져 있다.
> – 조지 버나드 쇼(George Bernard Shaw)

보험판매왕들은 모두 광(狂)이었다

폴 마이어(Paul J. Meyer)는 보험에이전트로서 27세에 전무후무한 신계약고를 올려 세계최고의 보험판매왕으로 회자되는 입지전적 인물이다. 그의 성공에 가장 큰 힘이 된 것은 '꼭 해내고야 말겠다'는 자신감과 미치광이가 될 만큼 보험에 열정을 쏟는 보험마니아의 정신이었다고 한다.

필자가 가장 좋아하는 '약여불광 종불급지(若汝不狂終不及之)'라는 구절이 있다. 그 뜻은 '네가 미치지 않으면 결코 도달할 수 없으리라'

인데 줄여서 '불광불급(不狂不及, 미치지 못하면 미치지 못한다)' 이라고 한다.

보험업계 최초로 10년 연속 보험판매왕에 오른 삼성생명의 예영숙 씨가 후배들에게 강조하는 말 또한 '불광불급' 이라고 한다. 불광불급 하자! 일에 미쳐야 성공에 다다를 수 있다. 이런 마음가짐과 자세로 보험세일즈에 임해야 한다. 보험에 미치지 않으면 절대로 성공할 수 없다.

성공자를 벤치마킹하고 롤모델로 삼는다

"되고 싶은 사람의 모습에 자신의 현재 모습을 투영하라"라는 말은 국민시인으로 불릴 만큼 인기를 얻은 미국의 시인 에드가 앨버트 게스트(Edgar Albert Guest)가 한 말이다.

보험영업에서 성공하려면 먼저 자타가 공인하는 세계적 보험에이전트들과 더불어 미국의 MDRT 종신회원 등 우수판매자들의 실전노하우를 벤치마킹하고, 롤모델로 삼으며, 보험판매왕들의 각종 성공사례를 벤치마킹하고 따라가면서 보험인생길을 가다듬어 나가야 한다.

이를 통해 나름대로 선험적 경험을 쌓고 실패를 최소화하며, 성공확률은 좀 더 높여 더욱 빨리 소기의 목적을 달성할 동력엔진을 얻을 수 있기 때문이다.

그런데 많은 FC들이 어떻게 하면 실적과 소득을 더 많이 올릴 수 있는지 비결은 학습을 통해 익히 알고 있지만 이를 효율적으로 실천하는 방법론을 잘 모르며 영업현장에 제대로 옮기지도 못하고 있다.

성공의 열쇠는 누구나 쥐고 있지만 이를 제대로 활용하지 못할 뿐이다. 보험영업의 성공비결을 알고 실천로드맵을 따라가는 것이 이 책을 적극 활용하면서 실천해야 하는 아젠다이다.

KASH법칙을 생활화하자

"인생에서 가장 중요한 판매는 당신 자신에게 당신 자신을 파는 것이다." 미국의 심리학자 맥스웰 말츠(Maxwell Maltz)가 성공한 세일즈맨들을 많이 만나본 결과 내린 영업의 정의이다. 대한생명이 자사설계사 가운데 상위 1%에 드는 300명(평균소득 2억 2,000만 원)을 대상으로 조사한 결과 가장 중요한 성공요소로 56%가 성실과 신용을, 다음으로 금융지식(13.3%), 인맥(13.0%), 자아실현(10.4%), 주위의 도움(7.3%) 등을 꼽았다고 한다.

흔히 영업 밑천으로 여겨지는 인맥과 주변의 도움은 억대 연봉설계사로 성공하는 데 필요충분조건은 아니라는 것이다. 자신의 가치를 더욱 돋보이게 'KASH법칙'을 생활화하고 현장에서 적극적으로 응용하는 것이 진정한 프로가 되는 비결이다.

여기서 KASH법칙이란 보험컨설턴트로서 성공하기 위해 반드시 갖추어야 할 기본적인 네 가지 조건으로 이론무장(Knowledge), 정신무장(Aattitude), 기술무장(Skill), 영업생활화(Habit)를 말한다.

보험영업이 가치 있는 일이라는 확실한 믿음을 구축하고 자신의 가치를 올릴 묘안을 강구하면서 자신감을 갖고 일을 추진하는 것이 성공의 열쇠이다. 그래야 FC를 선망의 대상인 고소득 직업으로 평생 가꿀 수 있다.

♣ 톱 에이전트가 전하는 성공 노하우
나는 보험에이전트 경력이 30년이 넘었지만 처음 시작할 때의 자세로 내 시장과 업계 전반에 대한 경향과 변화를 연구한다. 또 항상 내 고객에게 봉사할 더 나은 방법을 찾고 고객이 다른 어느 곳에서도 얻을 수 없는 것을 제공할 방법을 모색한다.
― 솔로몬 힉스(Solomon Hicks)

 [김동범의 아름다운 보험인생 편지]

가정의 행복끈을 조여주는 소중한 당신

행복의 발점이라고 하는 곳
가장 아늑한 삶의 보금자리라고 하는 곳
날마다 설레며 창을 여는 곳
사랑하는 아내가 머물러 있는 곳.

아내가 당신의 하루를 위해 맛있는 음식을 준비하는 곳
당신의 아내 또는 남편이 편히 기댈 수 있는 곳
가장으로서 든든한 울타리가 되어주는 곳
가족에게 변함없이 사랑을 쏟아주는 곳.

하루 종일 당신만을 생각하는 곳
모든 것을 할 수 있다고 생각하는 자녀들이 함께 쉬는 곳
당신의 웃음이 가장 밝아 보이는 곳
오늘보다 더 행복한 내일을 준비하는 곳
삶을 살아가는 의미가 배가되는 곳
당신과 아내가 밤새 사랑을 이야기하는 곳.

행복이라고 부르는 가정!
더욱 행복한 가정이 되도록 알뜰히 설계하고 보살피는 사람
행복을 위해 갖은 역량 힘껏 발휘하면서
행복의 디딤돌을 놓아주려 애쓰는 사람
바로 그 소중한 사람이 보험컨설턴트인 당신입니다.

고객의 가정이 언제나 편안할 수 있게 행복의 끈을 조여주는
당신은 고객의 진정한 수호천사요 멘토입니다.
소중한 고객 곁에 머물러 있어 기쁘고,
고객으로 말미암아 삶의 여정이 한층 풍요로운
명품인생을 살아가기 바랍니다.

Part 2
판매효율을 극대화하는 특급비법

● **보험세일즈 성공 명언**

고객은 반복적으로 보험에 가입함을 명심하라. 기존 고객을 소중히 여겨라. 통계에 따르면 보험가입자들은 자기 담당에이전트에게 평균 5~7회 보험을 가입했다.

– 알프레드 그래넘(Alfred Granum)

영업효율을 지속적으로 극대화하는 소개마케팅

> 가망고객 발굴 비결은 끊임없이 소개마케팅 방법을 활용하여 소개확보 전략을 모색하는 것이다. 소개확보를 통한 신규고객 발굴과 계약체결이야말로 고소득을 확실하게 보장하는 비결이다.
> – 시드니 프리드먼(Sidney Friedman)

소개마케팅은 기적의 세일즈 스킬

미국 플로리다주의 한 보험연구기관이 보험영업에서 소개에 따른 효과를 20년 이상 조사한 것을 보면 다른 사람에게 소개받은 사람들 가운데 60~80%가 보험상품에 가입했다고 한다.

그리고 그들은 잠재고객보다 보험료를 평균 25~30% 더 많이 지불하는 계약을 했을 뿐만 아니라 또다시 다른 사람들에게 소개할 가능성이 예상고객들보다 4배 이상이나 더 높았다고 한다. 계약유지율 또한 일반계약보다 30% 이상 높게 나타났다고 한다.

이처럼 고객이 보험컨설턴트에게 다른 사람을 소개해주었을 때 그 위력은 어떤 영업방식보다도 크다. 실제로 필자가 영업리더일 때 실천했으며 수많은 보험컨설턴트를 만나 조사한 결과만 보아도 소개확보를 통하면 방문성공률은 90% 이상, 계약체결률은 80%, 신규계약 규모는 일반계약보다 30% 이상 더 높게 나타났다.

보험영업은 소개마케팅(영향력 있는 협력자에게 양질의 가망고객을 소개받아 신규고객을 창출하는 인간 친화적 세일즈 기법)을 실천해야 더욱더 큰 계약을 체결할 수 있고 고소득이 보장된다. 소개확보로 이루어지는 계약은 연고나 개척으로 체결되는 계약보다 훨씬 알차고 유지율도 더 좋다.

소개마케팅 실천은 업적에 직결된다

고객의 소개로 피소개자를 만났을 때 피소개자가 처음에는 월납 50만 원짜리 상품을 가입하려 했다가 소개자와 인간관계를 고려하고 FC의 소개강화와 합리적 재무플랜에 이끌려 당초 계획한 금액보다 보통 30% 정도 많은 월납 65만 원 규모로 계약을 체결하는 경우가 많다.

단순한 소개확보로 고객을 만났더라도 예상했던 보험료 규모보다

30% 이상 큰 신계약을 체결할 수 있다. 이러한 결과는 본인의 업적과 소득에 절대적인 영향을 미친다.

상품종목(환산성적)에 따라 차이가 있지만 일반적으로 월납 15만 원이 넘는 차이가 수입에 시너지 효과를 얼마나 많이 주는지는 보험영업인이라면 누구나 잘 알 것이다. 소개마케팅 외에 보험환경 변화에 영향받지 않으면서 경제성 원칙에 입각한 고효율 영업기법은 없다.

또 협력자 10명에게 소개를 부탁했다면 확률적으로 최소한 8명에게서 소개확보를 이끌어내어 피소개자 가운데 적어도 6명과 계약을 체결할 수 있다. 그러나 소개부탁을 아예 하지 않으면 방문할 대상자가 없으므로 단 한 명도 계약을 체결할 수 없다.

이처럼 소개마케팅 실천 여부는 업적에 극과 극으로 직결됨은 물론 세일즈 인생에 절대적으로 영향을 미친다. 소개마케팅을 정상적으로 수행하는 동안에는 꼬리에 꼬리를 물고 지속적으로 계약의 물꼬가 터진다. 이것이 소개마케팅의 위력이다.

최고의 장기 고소득 실현 마케팅

소개마케팅의 장점은 ① 더욱 쉽고 확실하게 보험계약을 체결할 수

있고, ② 똑같은 고객에게 더 많은 고액계약을 체결하며, ③ 또 다른 고객을 소개받을 확률이 상대적으로 높고, ④ 계약유지율 또한 더 높으며, ⑤ 다른 영업방식보다 효율이 훨씬 높고, ⑥ 지속적으로 신규고객 창출이 가능하다는 것이다.

보험영업을 성공하려면 확실한 시장, 화려한 화술, 수려한 용모, 깊은 인간관계, 폭넓은 지식, 탁월한 상품력, 브랜드파워, 풍부한 현장경험 등도 필요하지만 제1조건은 유망고객 소개확보를 통한 향상된 신규고객 창출이다.

단, 소개마케팅에 가시적 성과가 나타나게 하려면 ① 고객과 사전 신뢰 구축과 상품 만족, ② 고객 로열티 향상, ③ 보험컨설턴트의 가치와 보험상품의 가치, 회사 상품 가치의 '3 value'의 화학적 조합, ④ 고객의 이익을 우선하는 백금률 실천, ⑤ 금융주치의로서 평생 영업의지로 임하는 프로정신, ⑥ 고객의 라이프코드와 라이프스케일에 맞추는 지속적인 컨셉클리닉 실시 등의 전제조건이 수반되어야 하고, ⑦ 자신과 고객에 대한 믿음, 사명감, 강한 신념 아래 열심히 노력하면 안 되는 것이 없다는 영업철학을 확고하게 다져야 한다.

유념할 것은 레드오션 전략을 토대로 블루오션 전략을 전개하여 소개마케팅에 접목해야 한다는 점이다. 즉 백지시장은 본인의 노력보다 기존고객 가운데 협력자와 키맨을 통한 소개확보로 이어지게 해야 시너지 효과가 창출된다.

"소개에 의한 고객발굴보다 더 나은 것은 없다. 소개확보를 통한 신규고객 증대만이 확실한 성공을 가져다준다"라고 한 알프레드 그래넘의 말을 명심하고 소개확보만이 성공의 길이라 여겨 영업 아젠다로 삼아 실천해야 한다.

소개마케팅을 성공하기 위한
Compliance Action Planning 5Tips

01 소개마케팅을 보험영업에 접목할 방법을 심층 연구한다.
고객을 비즈니스 고객이 아닌 세일즈 도우미로 만들어 소개의뢰를 부탁하고 계약이 마르지 않게 하여 즐겁게 영업하는 프로의 길을 간다.

02 방문효율을 극대화하는 소개마케팅을 반드시 접목해 시너지 효과를 높인다.
누구에게 부탁하면 소개확보가 가능한지를 파악하고 소개를 의뢰할 대상을 만든다.

03 판매효율을 높이는 보증서인 소개장을 꼭 받는다.
소개를 의뢰할 경우 소개자가 응낙하면서 피소개자 정보를 제공할 때에는 반드시 소개강화가 이뤄지는 소개장을 써달라고 부탁한다. 이때 펜과 소개용지를 건네 소개자가 불편하지 않게 소개장을 쓰도록 배려하는 센스를 보이면 심리적 유인효과를 볼 수 있다.

04 피소개자 정보를 확실히 수집한다.
어떻게 하면 피소개자에게 더욱 큰 계약고를 제시해 클로징에 이르게 할지 사전에 철저히 분석한다.

05 소개자와 피소개자 모두에게 지속적인 관계 형성과 로열티 향상을 위한 CRM마케팅을 펼친다.
신규고객(피소개자)을 만족시켜 제3의 가망고객을 연쇄적으로 창출하는 선인후익(先人後益)의 소개마케팅을 하루빨리 익혀 현장에 적용한다.

직역시장을 황금어장으로 만들어라

직장은 가장 양질의 고객이 모인 유망고객의 보고이다.
보험영업의 처음과 끝은 직역에서 이뤄져야 가장 알차다.
― 스즈키 야스토모(鈴木康友)

직역영업은 성공을 위한 돌파구

"이젠 정말 보험하기 힘드네요. 그만둘까 싶어 고민스럽습니다. 연고는 바닥났고 소개해줄 고객도 없고 또 경제가 힘들다보니 해약건수는 늘어가고…."

이는 보험업계에서 '내로라' 하는 어느 보험컨설턴트가 영업에서 깊은 슬럼프에 빠져 필자에게 하소연할 겸 해결책을 바라는 가슴의 외침이다.

유망고객을 소개받지 못하거나 도와줄 지인이 없다면 또는 지인이 있더라도 돕지 않거나 소개받은 고객이 보험상품을 이미 가입한 경우 보험영업을 성공하려면 과감하게 개척영업(reclaimed activity)을 해야 한다.

Pull영업시대에 무작정 영업은 절대 금물이다. 고객을 만나는 동선을 가능한 한 줄이는 계획적이고 차별화된 타깃 마케팅 전략을 하루빨리 강구해야 하는데, 이에 가장 적합한 영업방식이 기업체와 단체시장에서 전개하는 직역(職域)개척이다.

전 세계 보험판매 여왕 자리에 오른 시바타 가즈코는 "보험영업을 더욱 성공으로 이끌어내려면 새로운 시장을 발굴하고 개발해야 한다. 직장단체 시장보다 고객을 더 많이 발굴하기 좋은 시장은 없다"라고 했다.

미래에셋생명의 이정 FC는 입사 후 15년 이상 줄곧 순수하게 개척영업만 해오고 있다. 직역영업을 통해 700여 개의 기업과 단체계약을 맺었고 보유고객이 자그마치 5,500여 명에 달한다. 이렇듯이 직역영업은 새로운 시장 확보의 출발점이요 성공을 향한 돌파구다.

특히 국제화 흐름에 따라 여러 산업이 대형화되고 고객들도 대부분 맞벌이하는 현실에서 동선축소 영업으로 고효율을 올리는 데에는 한계가 있다. 직역영업이 처음에는 힘들지만 일단 추진한 마케팅전략이 물꼬만 잘 터주면 그보다 더 좋은 영업시장은 없다.

직역시장의 특성과 장점

사람은 어떤 집단에든 소속되어 있다. 근로자는 관공서나 회사에, 상인은 동업조합이나 협회 등 조직과 관련을 맺고 있다. 더욱이 소득수준이 향상됨에 따라 권익보호를 위한 각종 친목단체가 급증하므로 직역시장에 적극적으로 눈을 돌려야 한다. 한 곳에 밀집된 직역시장은 지역(지구)시장과 다른 특성이 있다.

직역시장은 ① 일반적으로 학력수준이 높고, ② 업무효율의 극대화, ③ 지속적으로 대량 판매 가능, ④ 다소 보수적이고 안전 지향적, ⑤ 상대적인 보험 인식 제고, ⑥ 다양한 인맥형성 가능, ⑦ 조직원간 입소문을 통한 소개확보 가능, ⑧ 집단의 이해에 따라 군중, 경쟁, 모방, 연쇄, 관계심리 등의 성향을 보인다.

소득이 안정된 건강한 사람들이 일정한 장소에 집단적으로 모인 직역시장 개척활동을 반드시 해야 하는 이유는 다음과 같다.

> ❗ **직역영업활동을 해야 하는 이유 5가지**

1. 보험영업시장이 포화상태로 접어들고 있다.
   가구당 보험가입률 증대로 보험시장이 포화상태에 이르러 연고나 단순소개에 의존한 보험세일즈가 점점 어려워진다.

2. 판매채널 다양화로 소중한 고객을 남에게 빼앗길 우려가 다분하다.
   판매채널이 다양하고 경쟁자가 많아 그간 소중히 일군 시장을 잃을 수 있다.
3. 지역시장은 줄고 직역시장은 늘어난다.
   경제규모 확대로 사업체가 계속 늘고 대형화되면서 지역시장에서 활동하는 것보다 직역을 통한 만남에서 양질의 고객을 찾을 수 있다.
4. 노력 대비 성과가 훨씬 크게 나타난다.
   주어진 시간에 같은 노력으로 최대 성과를 올릴 수 있어 영업활동을 안정적으로 할 수 있다.
5. 지속적으로 고소득을 창출할 수 있다.
   동선을 최소화하면서 업적과 소득을 더욱 많이 창출할 수 있다. 특히 직역시장에서 발굴한 키맨은 단체영업의 물꼬를 터주고 소개확보의 싹을 틔워 새로운 고객을 창출할 수 있게 일당백 구실을 한다.

직역시장의 장점은 다음과 같다. ① 집약적 활동이 가능하고, ② 연쇄적 활동기반 확대가 용이하며, ③ 정형적인 판매기법을 활용할 수 있고, ④ 모집활동 환경이 양호하여 생산성이 높으며, ⑤ 보험료 차별화(단체)를 기하여 고객 발굴이 용이하다.

그러므로 직역시장의 특성을 충분히 활용하고 적극 공략하여 특화된 확실한 내 땅을 만들고 고객 로열티를 형성하면 그 어떤 시장보다 꾸준히 고소득을 올리는 황금어장이 된다.

그러나 직역활동은 ① 방문공포증, ② 고객 접근이 어렵다는 선입관, ③ 대화시간과 활동공간 제한, ④ 안정된 기반을 구축할 때까지 장시

❗ 직역이 환영하는 보험컨설턴트

1. 보험과 인생재테크에 관해 광범위한 지식을 보유한 FC
2. 보험서비스에 대한 세심한 배려와 지도가 가능한 FC
3. 깨끗한 용모, 예의바른 FC(최고의 이미지 구축)
4. 부담 없이 대화 가능한 카운슬러 같은 FC
5. 직역 내 규율을 잘 지키는 FC
6. 재테크 파이를 키워주기 위해 노력하고 재무클리닉을 잘해주는 FC
7. 본인과 가족의 경조사를 기억하고 세심하게 봉사하는 FC
8. 교양이 폭넓고 밝은 화제를 제공하는 FC
9. 약속시간을 잘 지키고 신뢰감이 가는 FC
10. 자주 방문하여 성실하게 활동하는 프로 정신이 있는 FC

❗ 직역시장에서의 성공 비결 12가지

1. 보이지 않는 끈(동기, 동창, 관계사, 거래처 등)을 이용한 도미노식 공략법을 써라.
2. 사전에 철저하게 준비하여 방문이 쉬운 팀의 키맨부터 공략하라. 이때 키맨의 담당 분야에 관한 정보를 입수하여 관심 있음을 보여준다.
3. 초기 방문에서는 최상급자를 먼저 공략하라. 부하는 상급자 지시에 약하다.
4. 직역 내의 사풍, 규정을 준수하고 용모, 복장, 태도 등 방문매너를 갖춰라.
5. 샐러리맨이 숫자에 쉽게 설득되는 점을 이용하라(재정안정플랜, 세테크, 재테크 플랜 등 적극 활용).
6. 최초의 계약 1건이 직역개척의 성패를 좌우함을 잊지 마라.
7. 계획적이고 규칙적인 방문이 성공을 안겨줌을 명심하라.
8. 저축성 보험이나 양로보험보다 장기 보장성상품을 권유하라.
9. 완벽한 상품지식과 화법이 직단공략의 첫걸음임을 명심하라.
10. 계약 체결 후에는 사후봉사를 철저히 하라. 기존 고객에 대한 애프터서비스가 다른 사람에게는 비포서비스(before service)로 이어진다.

11. 고객 카드를 쓰고 관리하라. 중요 정보는 즉시 메모하고 직역 내의 행사, 고객의 생일 등을 체크했다가 문자메시지, DM 또는 이메일로 해피콜하라.
12. 기업의 임직원에게는 새롭게 들릴 만한 재테크와 비즈니스 관점을 이야기하면서 그 느낌을 공유하고 관련 질문을 하여 재무플랜 작성에 활용하라.

간 소요, ⑤ 평생 직업관에 대한 불안심리 내재 등의 단점이 있다.

이처럼 직역활동은 그리 쉽지마는 않음을 유념하면서 슬기롭게 극복할 마케팅전략을 치밀하게 수립해야 한다.

직역시장, 이렇게 공략하자

직역에서는 보험컨설턴트를 경계하는 사람도 있다. 이들이 동료처럼 여기게 이미지를 관리하면서 자연스럽게 이야기할 만한 공통화제(가족, 출신지, 주거지, 취미, 재테크, 스포츠, 주말 나들이 등)를 발굴하여 공감대를 형성한다. 특히 처음 만났을 때 분위기를 부드럽게 만드는 아이스브레이킹(ice breaking)을 위해 감성 터치 툴이 필요하므로 이의 올바른 제작과 활용에 집중한다.

직역개척을 성공하려면 목적의식을 확실하게 하고, 이른 시일 안에 직장에 익숙해져야 한다. 계획방문을 철저히 하고 지속적으로 공략하여 출입직장을 완전히 장악하는 확고한 기반 구축이야말로 직역개척 성공의 열쇠임을 명심하자.

♣ 톱 에이전트가 전하는 성공 노하우
직장에서 가장 영향력 있는 사람을 협력자로 만드는 데 전력투구하라. 그리하여 그를 당신의 고객 리스트에 되도록 빨리 올리게 당신의 진정한 가치를 보여줘라.
– 클라우드 스터블필드(Claude Stubblefield)

락인효과를 극대화하는 세대마케팅

> 기존고객 유지비용과 신규고객 창출비용을 비교하면
> 기존고객 유지에는 1달러가 들지만 신규고객 창출에는 5달러가 든다.
> – 맥킨지컨설팅(McKinsey & Co.)

지속적 수확은 세대마케팅으로

고객을 더욱 효율적으로 만나 시테크 효과를 거두려면 한 가족을 모두 고객으로 만들어야 한다. 한 가족을 내 고객으로 만든다는 것은 단순한 고객관계를 벗어나 내 가족같이 여기고 컨설팅하여 그 가족의 삶이 한층 나아지게 지속적으로 관리함을 의미한다.

의사가 환자를 진찰하면 완치될 때까지 돌보듯 고객이 세상을 뜨기까지 평생관리한다는 의지와 자세로 임해야 한다. 그래야 충성고객이 되어 한 가정의 2~3세대가 신규고객이 될 수 있다.

또 충성고객으로부터 다른 고객을 소개받고 피소개자 가족을 다시 가족화할 수 있다. 이 방법이 감자캐기식으로 신계약을 체결하는 세대마케팅(household marketing)이다.

세대마케팅은 락인효과 극대화 전략

세일즈 사이클을 고려할 때 보험컨설턴트가 활용할 마케팅요소 가운데 세대마케팅은 소개마케팅과 더불어 영업효율이 매우 높은 영업방식이다. 세대마케팅은 영업활동의 동선이 아주 짧기 때문에 시테크 효율이 높고 한 세대 전부를 고객으로 만들어 충성고객화할 수 있으므로 지속적으로 신계약을 체결할 수 있다.

즉 세대 전체를 가족같이 생각하여 카운슬러 역할을 할 수 있고, 새로운 세대 발굴과 확보에 매우 용이하다. 가족 구성원을 모두 세일즈 도우미로 만들어 자신의 영업에 도움이 되게 만들 수 있다.

세대마케팅이 좋은 이유는 락인효과(lock-in effect) 때문이다. 락인효과는 온 가족을 고객으로 확보해 오로지 자신에게만 상품을 구매하게 하는 올인 선택과 집중화 전략이다. 고객과 신뢰가 돈독한 충성고객이기 때문에 다른 컨설턴트에게 상품을 가입하지 않는 자물쇠 효과가 있다.

또 세대마케팅은 시테크효과가 극대화되는 동선축소 영업이므로 락인효과를 넘어 소개확보까지 이끌어낼 수 있다.

자녀 이야기로 속 깊은 정보 수집

자녀 이야기는 고객의 마음을 열게 하는 매우 효과적인 대화 소재이다. 부모는 누구를 막론하고 팔불출 소리를 들을지언정 자식을 자랑하고 싶어 한다. 특히 다른 사람이 한마디라도 칭찬하면 굳었던 표정도 금세 풀린다.

고객의 가정을 방문했을 때는 업무적인 말부터 하지 말고 자녀에 관해 먼저 말하는 스토리텔링 방식이 효과적이다. 고객이 자녀 자랑을 늘어놓으면 시간을 충분히 주면서 자녀는 물론 고객 가정에 대한 자세한 정보도 입수한다.

이때 적당히 맞장구치면 고객은 이야기에 도취되어 평소 주저하던 가족 정보를 은연중에 흘린다. 정보를 유효적절하게 활용하여 자녀를 우군으로 만드는 계기도 된다. 자녀를 등장시켜 대화를 주도하는 것은 세대마케팅 추진에서 매우 중요하다.

세대마케팅을 성공하기 위한
Compliance Action Planning 5Tips

01 세대마케팅으로 락인효과 극대화 전략을 수립하고 실천한다.
보험시장의 파이가 고착화되는 현실에서 세대마케팅은 가장 확실한 시장 수성전략이며, 소개확보로 이어지는 소중한 자산임을 인식한다.

02 한 세대에 관한 다양한 정보를 지속적으로 입수하면서 DB마케팅 전략을 추진한다.
자녀에 관해 이야기하며 정보 수집의 장으로 삼으면서 세대 구성원 성향을 파악하고 세밀하게 재무분석을 할 수 있게 그들을 자주 만난다.

03 고객 가족 모두 내 편이 되게 한다.
한 세대 구성원 모두 만족하게 재무클리닉을 해주어 가족화하고 이들을 통해 다른 세대를 공략하는 전략을 세운다.

04 정기적으로 보험포트폴리오를 리밸런싱하여 인생재테크 실현 완성도를 더욱 정교화한다.
고객의 라이프스케일에 맞게 보험 리모델링을 하면서 동시에 자산 형성과 관리가 올바른지 확인하고 삶을 향상시켜준다.

05 온 가족을 충성고객화하기 위한 장단기 전략에 따라 손품과 발품을 팔면서 정기적으로 이벤트를 연다.
고객의 경조사는 물론 어려움과 고통을 함께 나눌 인생 카운슬러가 되게 한다.

영업동선을 최소화하는
인하우스 마케팅

> 물고기가 보트 위로 뛰어들게 하라. 가망고객이 꾸준히 흘러들어오게 하는
> 가장 좋은 방법은 그들이 당신을 직접 찾게 하는 것이다.
> – 시드니 프리드먼(Sidney Friedman)

저절로 영업이 되게 만든다

　날씨가 더울 때나 추울 때, 억수같이 비가 내릴 때는 왠지 밖으로 나가 활동하고 싶지 않을 수도 있다. 이럴 때 뾰족한 수가 없을까? 편하게 영업하는 방법은 없을까?
　이럴 때에는 사무실에서도 고객을 만날 수 있는 세일즈 전략을 강구해야 한다. 특히 베테랑들은 고객을 찾아가 컨설팅하는 것도 필요하지만 경우에 따라서는 사무실에서 클로징까지 이르게 하는 고차원적인 세일즈 테크닉을 발휘해야 한다.

주위에서 보면 사무실에 앉아서도 전화로 계약하는 FC가 있다. 동료들은 '어쩜 저렇게 편히 영업할까?' 하며 그를 부러워하는데, 이것이 바로 영업효율을 극대화하는 동선축소의 인하우스 영업방식이다.

보험영업을 일컬어 인지객지영업이라 한다. 이는 ① 인(人) : 보험컨설턴트, ② 지(紙) : 청약서, ③ 객(客) : 고객, ④ 지(地) : 활동시장에 따라 보험영업이 완성됨을 의미한다. 보험컨설턴트는 지객지(紙客地)를 근간으로 계약을 창출하기 위해 고객을 불러들이고 시장을 일구는 마케팅전략을 적극 펼쳐야 한다. 때로는 사무실에 앉아서도 고객을 만날 수 있는 동선축소 마케팅전략을 펼쳐야 한다. 이참에 과감하게 사무실에 앉아서 고객을 발굴하는 지혜를 발휘해보자.

동선축소 영업을 펼쳐야 '톱'

미국의 한 세일즈매거진에서 세일즈맨들의 하루 활동시간을 1시간으로 압축해 내용을 분석해보니 다음과 같았다고 한다.

샐러리맨의 1시간 활동내용

세일즈활동	교통·대기	사무정리	잡담	티타임	기타 잡무
9분	18분	9분	6분	9분	9분

특히 방판활동이 전문인 보험컨설턴트들은 길거리에서 낭비하는 시간이 매우 많다. 따라서 영업을 편히 하려면 동선을 최대한 줄여야 하는데 그 방법이 바로 인하우스(in house) 영업이다. 인바운드(in bound) 영업이라고도 한다.

인하우스 영업을 펼쳐야 일의 효율이 높아지고 지속적으로 고소득을 올릴 수 있다. 하지만 인하우스 영업은 하루아침에 이루어지는 것이 결코 아니다. 고객을 찾아가 컨설팅하는 것이 아니라 고객이 찾아오게 만들어 컨설팅하는 인하우스 영업은 고객이 해당 상품을 알고 또한 상품 이해도가 어느 정도 구축되어 있을 경우에 가능하다.

인하우스 영업은 세일즈 프로세스의 최초 단계인 고객 발굴과 접근 상담에 소요되는 시간을 줄여 고객접점을 최소화하면서도 능률은 극대화하는 첨단 영업방식이므로 베테랑들만이 적용 가능하다. 특히 평소에 유망고객의 씨앗을 틔워 전화로도 컨설팅할 만큼 신뢰를 구축해야 가능하다.

작은 계약은 텔레마케터들같이 비즈니스 고객에게 인하우스 영업으로 어느 정도 할 수 있지만 고액계약은 충성고객(loyal customer)이 아니면 불가능하다. 따라서 어떻게 하면 고객을 만나는 동선을 짧게 할지, 어떻게 해야 고객이 찾아올 수 있게 보험플라자를 운영할지에 따른 실천방법론을 모색하면 영업의 숨통이 트일 것이다.

인하우스용 표준화법

인하우스 영업에서는 텔레마케팅이 생명이므로 전화화법을 능수능란하게 활용할 정도로 숙지한다. 고객은 낯선 사람을 경계하고 긴 통화를 원하지 않으므로 간결하고 직설적으로 요점만 추려서 상대방이 편안하게 느끼도록 화법을 만들어 활용한다. 거절한다고 실망하지 말고 끈질기게 통화하는 집념이 있어야 한다.

보험에이전트인 알프레드 그래넘의 조사에 따르면 텔레마케팅에서는 대부분 세 번째 요청에서 방문약속과 면담을 허락하는 것으로 나타났다. 따라서 인하우스 마케팅은 전화화법 구사가 열쇠이므로 통화 내용을 녹음하여 단계별로 일목요연하게 화법을 전개했는지 확인하는 피드백이 필요하다.

통화하기 전에 거울 앞에 서서 상대방과 통화하는 것으로 생각하며 부드러운 목소리와 미소 띤 얼굴로 롤플레잉해보라.

고객이 나를 찾게 만들어라

인하우스 영업을 효율적으로 전개하려면 고객에게 나를 알리는 마케팅전략이 선행돼야 한다. 방판활동은 상품 구매욕구를 불러일으키는 기술이 최우선이지만 인하우스 영업은 고객이 나를 찾을 '거리'를 제공해야 하므로 유인책을 강구한다. 보험상품의 가치 전달과 더불어 자신의 가치를 고객이 인정하게 하는 아우라 구축이 중요하다.

인하우스 영업을 위한 자기PR 방법으로는 직역시장을 상대로 한 ① 인터넷 블로그, 카페, 이메일 등 인터넷 활용, ② 보험상품 설명회 또는 재테크 세미나 개최, ③ 계절별, 주력 특화상품 출시 시기별 또는 단체 메리트에 따른 각종 이벤트 실시, ④ 생활정보지, 재테크지, 아포리즘 자료 등 사전에 직간접 방문으로 제공하는 방법이 있다. 특히 인터넷 툴은 경제성에 비춰볼 때 인하우스 마케팅을 펼치기 가장 좋은 세일즈 도구이다.

정적인 인하우스 영업은 동적인 아웃바운드(out bound) 영업과 병행해야 더욱 효과적이다. 특히 아웃바운드 영업을 인하우스 영업으로 이끄는 기술이 필요하다.

고객카드를 펼쳐 A급 유망고객 대상자를 선별한다든지, 지인 가운데 누가 새로운 유망고객으로 적당한지 또는 연고고객이나 비즈니스 고객 가운데 누구에게 부탁하면 소개해줄지, 어떤 시장을 개척하면 한층 효율적인지 등을 분석하면서 성과물을 시뮬레이션한 다음 실전에 임한다.

인하우스 마케팅을 성공하기 위한
Compliance Action Planning 5Tips

01 인하우스(인바운드) 영업 결과는 그간 뿌린 고객들에 대한 인정의 산물임을 인식한다.
평소 상품을 필요로 하는 고객이 찾아와 부탁하게 할 정도로 가치 창출에 경주한다.

02 기존고객 DB작업을 확실히 하고 고객순번을 정해 정기적으로 해피콜과 SMS를 보내어 차별화된 인식을 심는다.
고객과 통화하기 전 무엇을 먼저 해야 효율적인지 모색한다. 텔레마케터들이 상품을 판매하는 태도와 기법을 벤치마킹하면서 고객이 나를 만나면 도움이 될 것으로 확신하게 만든다.

03 고객을 만나지 않고 해피콜로 얼마든지 세일즈할 만큼 컨설팅 능력을 키운다.
전화를 건 목적이 고객에게 도움을 주기 위함임을 알린다. 특히 생령일은 기억했다가 유효적절하게 활용한다.

04 인하우스 영업은 텔레마케팅이 생명이므로 표준 전화화법을 익힌다.
간결하면서도 충분하게 어필할 수 있게 화법 스크립트를 만들어 연습한 뒤 실전에 활용한다.

05 인터넷을 이용한 CRM 서비스를 상시 구축하여 다수 고객에게 맞춤정보를 제공한다.
홈페이지, 블로그, 인터넷카페 등의 사이버 툴은 인하우스 마케팅을 펼치기 좋은 세일즈 공간이므로 적극 활용한다.

구매욕구를 불러일으키는 통계마케팅

> 남이 흉내 낼 수 없는 독특한 비결만이 언제 어떠한 상황에서건
> 도움이 되는 최고 자산이다.
> – 야베 마사아키(矢部 正顯)

통계마케팅으로 신뢰도를 높여라

협상 심리학의 대가 로저 도슨(Roger Dawson)은 "세일즈의 달인이 되는 첫걸음은 사려 깊은 태도로 고객에게 당신의 말을 믿게 만드는 것이다"라고 했다. 고객이 나를 믿게 만들려면 말의 진정성을 보여주는 것이 급선무이다. 말의 진정성을 보이려면 ① 고객이 쉽게 이해할 수 있는 말이어야 하고, ② 한 말이 변함없이 남게 해야 하며, ③ 말의 정당성을 입증할 타당한 근거가 뒷받침돼야 한다.

이 조건을 충족하는 효율적인 세일즈기법이 통계마케팅(statistical

marketing)이다. 통계마케팅은 객관화된 각종 통계자료를 활용하여 논리적이고 과학적으로 컨설팅해 고객과 빨리 공감대를 형성하고 니즈 환기를 조성해 구매 욕구를 불러일으키는 과학적 영업방법이다.

보험세일즈에서 약방의 감초 같은 세일즈 툴인 각종 통계자료를 활용한 영업전략은 고객과 심리적 공감대를 빨리 형성하여 고객의 니즈를 환기시키는 첨병 역할을 한다. 시의성 있는 객관적 통계자료를 활용하면 상대적으로 진정성이 돋보여 비교우위에 서서 남다른 업적을 창출할 수 있다.

미디어시대에는 고객들의 행동양태와 소비성향이 매스컴에 점점 더 영합한다. 통계마케팅은 이러한 고객의 심리를 적극 활용하여 말의 진정성을 보여줌으로써 쉽게 계약체결에 이르게 한다.

❗ 통계마케팅의 이점 7가지

1. 고객에게 자연스럽게 접근해 경계심을 완화하는 아이스브레이킹 구실을 한다.
2. 일상적인 통계자료를 대화소재로 삼음으로써 고객의 상담 거절을 방지할 수 있다.
3. 누구나 인정하는 통계자료를 보여줌으로써 반론의 예봉을 차단할 수 있다.
4. 교류적인 대화로 협조하는 분위기가 자연스럽게 조성될 수 있다.
5. 통계를 곁들인 유효적절한 질문으로 대화의 흐름을 조절하고 상담 방향을 설정하여 쉽게 계약체결에 이를 수 있다.
6. 객관화된 사실을 토대로 컨설팅하므로 신뢰감을 높일 수 있다.
7. 다른 FC와 차별화된 컨설팅으로 비교우위에서 계약을 체결할 수 있다.

시의성 있는 통계마케팅을 펼쳐야

통계마케팅을 실천하려면 먼저 '고객의 인생 3L'을 토대로 관련 자료를 수집하여 가공 처리한다. 자녀교육과 결혼자금, 유가족생활보장자금, 노후생활자금, 주택마련자금, 긴급예비자금, 질병치료자금, 상해보상자금 등 인생에 확정적 또는 불확실성을 내포한 필요자금과 관련된 제반 통계자료 수집은 기본이다.

이에 덧붙여 인생재테크 차원에서 필요한 가계금융자산 변화추이, 재테크 수단, 주가분석, 자산형성·관리 등과 관련된 통계자료도 모두 수집해 가공·활용해야 한다. 특히 통계청에서 정기적으로 조사·발표하는 가계수지동향, 생명표, 인구조사, 사망원인통계연보 등은 모두 살펴야 한다.

그리고 생명보험협회의 생명보험성향조사, 보험개발원의 보험소비자성향조사, 국민건강보험공단의 당해연도 건강검진 결과 분석 보고서, 기타 정부 또는 사회기관, 방송사, 신문사 등 공신력 있는 기관에서 발표하는 인생재테크 관련 통계자료는 모두 수집하여 분류한 다음 파일로 보관했다가 고객을 만날 때마다 성향에 맞춰 필요한 툴을 가공해 시의성 있게 활용해야 한다.

통계자료는 다음과 같은 조건을 충족해야 효용가치가 더 크다.

⚠ 통계마케팅에 활용되는 자료로 갖추어야 할 조건 7가지

1. 고객이 평소 호기심이나 관심을 보이는 자료
2. 고객의 일상생활에 도움이 되거나 이익이 될 자료
3. 자연스럽게 공감대를 형성하면서 대화의 물꼬를 틀 자료
4. 고객이 보험컨설턴트의 말을 더욱 신뢰하게 만들 자료
5. 고객의 보험 인식을 전환해줄 자료
6. 고객이 상품을 선택할 때(클로징) 결정적인 히든카드 역할을 할 자료
7. 당시의 사실을 입증할 객관타당성 있는 실증 자료

통계마케팅을 활용할 때는 다음과 같은 점을 유념하여 시행착오가 발생하지 않게 한다.

⚠ 통계마케팅 활용에서 주의해야 할 7가지

1. 누구나 객관적으로 인정할 신빙성 있는 자료여야 한다.
2. 권유하려는 보험상품과 밀접한 관계가 있는 자료여야 한다.
3. 최근에 발표된 시의성 있는 자료여야 한다. 통계자료의 생명은 인지도, 정확성, 시의성인데, 그중 시의성은 중요한 요소이다.
4. 고객이 제공하는 통계자료에 어느 정도 관심을 보여야 한다.
5. 저작권법에 위배될 수 있으므로 활용하기 전에 신중하게 검토한다.
6. 통계자료를 액면대로 활용하기보다 시각적 효과를 높일 수 있게 재가공한다.
7. 고객에게 제공한 통계자료는 빠짐없이 별도 파일에 보관하여 차후 증빙자료로 활용할 수 있게 한다.

고아계약은 신규시장 확대의 보고

누구의 고객도 고정되어 있지 않다. 시장은 먼저 찾는 자의 것이다.
– 루치아노 베네통(Luciano Benetton)

고아계약은 신규시장을 발견하는 지름길

필자가 아는 FC는 지점에 근무하면서도 독특하게 인하우스 영업만 한다. 바로 지점 내 고아계약자만 집중적으로 공략한다. DB마케팅을 전략적으로 추진해 인하우스 영업만으로 계약 성공률도 높고 소득도 매우 높다. 물론 고아계약자를 다루는 차별화된 마케팅전략을 강구하고 TA를 전개하는 것은 기본이다.

고아고객(孤兒顧客, orphan accounts)을 찾아야 고아계약(orphaned policy, orphan contract)을 자신의 계약이 되게 포트폴리오 리밸런싱

을 할 수 있다. 아웃바운드 콜(outbound call)로 곧바로 이어지게 만드는 고아고객은 고효율 유망고객이다.

보험컨설턴트들의 정착률이 좋지 않다보니 예상보다 고아계약자가 많다. 신계약의 잠재적 보고인 고아고객 DB 입수와 활용은 변화의 기폭제다.

단, 고아고객과 TA를 전개할 때에는 중도 탈락한 담당설계사에게 불만이 많으므로 실질적인 만남이 되게 하는 전략적 접근기술이 필요하다. 이참에 지점(팀)에 있는 고아계약 리스트를 리더에게 부탁해 DB를 입수하여 DM마케팅과 텔레마케팅을 전개하면서 집중 공략하자.

고아고객에게는 진정성이 담긴 편지가 먼저

고아고객에게 접근할 때는 아웃바운드 콜과 DM 등으로 친밀감을 형성하는 것이 급선무이다. 고아계약자에게 접근하려면 아이스브레이킹 차원에서 편지를 보내 자신을 알리고 난 다음 TA로 접근하는 배려와 정성을 보인다. 그래야 전화할 때 대화거리가 자연스럽게 조성되고 대화시간도 짧아져 필요한 말만 하게 되어 좋은 인상을 심어줄 수 있다.

　특히 첫 통화는 인상을 좋게 심어줄 절호의 기회이므로 신중을 기한다. 미리 만든 스크립트에 따라 대화를 전개하면 덜 긴장된다. 전화할 때에는 내 번호를 상대방이 알게 휴대전화로 하는 것이 바람직하다. 전화한 다음에는 시간 할애에 감사 표시와 더불어 하루를 행복하게 보내라는 살가운 문자메시지를 보내면 효과적이다.

　해피콜을 할 때에는 "오늘부터 고객님을 담당하게 된 보험컨설턴트입니다. 편지로 말씀드렸듯이 담당자가 바뀌게 되어 정말 죄송합니다. 궁금하거나 문의사항은 언제든지 연락하세요"라는 멘트를 명료하게 하여 좋은 인상을 심어준다.

그리고 방문 면담약속은 고객이 편한 시간대로 잡되 끌려갈 것이 아니라 약속시간을 두 개쯤 제안하여 취사선택하게 하는 것이 바람직하다. 그러면 로우볼 마케팅(Low Ball marketing) 원리에 따라 상대에게 긍정효과가 작용하여 자신이 시간을 선택한다는 자존심을 살리면서 원하는 답변을 얻을 수 있다.

♣ 톱 에이전트가 전하는 성공 노하우
어느 재벌 기업체에서 2년 동안 각종 보고서를 연구했다. 그 결과 75%의 거래가 다섯 번 이상 찾아가야 했던 사실을 발견하고는 깜짝 놀랐다. 또 세일즈맨의 83%가 다섯 번을 채 찾아가기도 전에 가망고객을 포기한다는 사실도 알아냈다.
— 프랭크 베트거(Frank Bettger)

직역 내 **상품설명회**는 **계약 양산**의 시금석

> 보험영업에서 빨리 성공하려면 직역에서 소개확보를 통해 키맨을 만들고 상품설명회를 하는 것이다. 보유고객을 많이 확보해야 소득이 올라가는데, 지름길은 소개와 상품설명회를 통한 대량 계약체결이다.
> – 시바타 가즈코(芝田和子)

상품설명회는 일당백의 업적

보험세일즈는 대부분 보험컨설턴트와 고객의 일대일 만남으로 이루어진다. 그래서 열 명을 만나면 아무리 많아도 열 명의 고객(?)밖에는 신규고객으로 만들 수 없다. 그럼 단 한 번의 만남으로 더욱 많은 사람과 계약하려면 어떻게 해야 할까?

직역영업으로 협력자와 키맨을 잡고 이들에게서 상품설명회 개최를 허락받아 다수의 조직원을 대상으로 프레젠테이션하면 된다.

시바타 가즈코도 처음부터 영업을 잘한 것은 아니다. 1971년에 일본 제일생명에 입사해 몇 해 동안은 그만두고 싶을 만큼 슬럼프에 빠지는 등 우여곡절을 겪었다.

그러다가 은행 지점장인 오빠가 소개한 기업인이 커다란 인연이 되었다. 돈독한 신뢰구축과 관계형성을 바탕으로 지속적으로 소개를 부탁하고 이들 가운데 키맨을 확보하고는 승승장구했다.

이 과정에서 그녀가 터득한 영업방식은 소개확보와 더불어 직장 내 상품설명회였다. 상품설명회를 위한 준비가 잘되어 참석한 조직원들의 반응이 좋아 단체가입이 줄을 이었다.

그 덕분에 1979년에 보험판매왕이 된 뒤부터는 생명보험협회장을 마칠 때까지 줄곧 정상을 지켰는데, 당시 그녀의 고객은 자그마치 2만 5,000명을 넘었다. 한 개인이 보유한 고객 2만 5,000명은 실로 엄청난 숫자이다.

이렇게 고객을 많이 확보하려면 세일즈 도우미인 소개자를 통해 신규고객을 확보하는 소개마케팅과 더불어 직장 내 상품설명회로 대량가입을 유도하지 않고는 불가능하다.

시바타 가즈코가 "키맨의 소개로 직역 내 상품설명회를 개최하는 것이 가장 효율적인 보험영업 방식이다. 그것이 성공으로 가는 지름길이다"라고 한 말을 새기면서 성공을 향한 상품설명회 개최 비법을 숙지하자.

직장 내 상품설명회는 도약의 발판

시바타 가즈코가 직역시장을 개척하고 그곳에서 상품설명회를 하게 된 동기를 들어보자.

"나는 고객을 더 많이 확보하기 위해 신규 가망고객을 늘리는 방법을 모색했다. 기입할 때마다 아이디어가 떠오르는 소중한 고객카드를 정리하면서 모든 협력자를 동원하여 사업가를 소개받기로 전술과 목표를 세웠다. 기존고객 가운데 기업을 운영하는 CEO를 중점 타깃으로 삼았다. 그들을 키맨화하여 도움을 요청해 조직원을 대상으로 상품설명회를 하는 행운을 얻었다. 나를 소개해준 키맨에게 절대 누가 되지 않게 준비하여 항상 흡족한 결과를 도출하려고 했다."

시바타 가즈코같이 특출하게 영업하려면 소개마케팅으로 직역의 리더들을 자신의 유망고객명단에 올릴 수 있게 차별화된 선택과 집중적인 노력을 기울여야 한다.

특히 협력업체가 많은 기업의 담당자와 리더를 반드시 협력자로 만들어야 한다. 그런 고객을 발굴하기는 어렵지만 일단 발굴하여 신뢰가 구축되고 소개단계까지 이르면 꼬리에 꼬리를 물고 유망고객이 늘어날 것이다.

직단 내 상품설명회의 이점

상품설명회를 통한 영업활동은 직단 내 리더의 공식적 인정에 따른 행사이므로 조직원에게 신뢰감을 주고 일시에 계약을 많이 체결할 수 있어 판매효과가 매우 큰 이벤트 마케팅이다. 구체적 장점은 다음과 같다.

① 짧은 시간에 고객을 많이 만날 수 있다. 세일즈는 사람을 만나는 직업인데, 방문활동이 어려운 직역에서 유망고객을 한자리에서 쉽게 발견할 수 있는 상품설명회는 방문활동을 활성화할 가장 적절한 방법이다.

② 신규고객 개척이 용이하다. 상품설명회에 참석한 가망고객 가운데 몇 명만 알면 나머지 고객은 그들과 친분이 있는 경우가 많으므로 새로운 고객을 창조하여 판매활동에 자신감을 갖게 된다.

③ 고객의 제반 정보파악이 손쉽다. 개별적 방문활동에서의 앙케트 요청은 고객이 귀찮게 여겨 회수율이 저조하지만 상품설명회에서 앙케트는 공표효과가 발생하여 한 번에 회수할 수 있으므로 고객정보를 쉽게 얻을 수 있다.

④ 한 번의 이벤트로 대량판매가 가능하다. 상품설명회를 열어 계약자가 몇 사람 확보되면 군중심리에 따른 동조행위가 작용하여 구

매의욕을 느끼므로 계약을 많이 체결할 수 있다.

⑤ 재방문과 지속적 활동이 용이하다. 상품설명회에 참석하여 가입한 고객을 사후봉사 명목으로 방문했을 때 환영받을 확률이 높으며 이 덕분에 미가입 조직원을 공략할 계기가 조성된다.

⑥ 상품지식 향상과 자기PR 계기가 된다. 상품설명회를 진행할 때 상품을 정확히 알고 설명하는 컨설팅능력이 뛰어나야 고객에게 신뢰감을 주고 판매와 연결할 수 있으며, 프로의 이미지가 저절로 구축된다.

♣ 톱 에이전트가 전하는 성공 노하우
보험을 팔기 전에 먼저 보험약관을 처음부터 끝까지 읽어라. 그것을 흡수하는 데 시간이 얼마가 걸리든 상관없다. 고객에게는 물론 변호사나 회계사에게도 자신 있게 말할 정도가 되어야 한다.

— 게리 시츠만(Gary Sitzmann)

상품설명회
효과 극대화 실천로드맵

> 상품설명회는 반드시 상대방에게 유익한 정보를 제공하는 장이 되어야 한다.
> 단지 판매하는 데만 포커스를 맞추면 안 된다.
> — 시바타 가즈코(芝田和子)

계획을 주도면밀하게 세운다

상품설명회를 성공적으로 개최하려면 철저하게 계획해야 한다. 치밀하게 준비한 설명회일수록 효과가 크므로 개최하기 전에 일정, 장소, 진행자(강사), 교육기자재, 판촉자료, 봉사품 등 체크리스트를 만들어 철저하게 준비한다.

설명회를 할 때는 형식적인 인사말이나 강의식 설명은 최소한으로 줄이고, 시청각 기자재 활용 등으로 설명에 변화를 주어 상품의 특징을 효율적으로 표현한다.

분위기를 북돋기 위해 초대장 작성·전달, 사내이메일 공지, 사내게시판, 사내방송, 벽보부착, 공람회보 등을 다각적으로 활용하여 홍보한다. 관련 팀의 허락을 얻어 참여인원을 늘리고, 설명회장 장식과 좌석배치 등도 신경 쓴다.

의사결정권자인 키맨 확보

계획을 잘 세워도 도와주는 사람이 없으면 성사되지 않으므로 협력자와 키맨을 확보하고 이들에게 협조를 요청한다. 의사결정권자를 설득하고 주관팀의 협조를 얻는 것이 관건이다.

협력자를 확보하면 의사결정권자인 키맨을 소개받아 보험상품에 호감을 갖게 하고, 봉사활동을 지속적으로 하여 흉금을 터놓고 상담할 수 있는 유대관계를 형성한다.

신뢰가 형성되면 상품설명회 개최에 협조를 구하고 주관팀의 리더를 소개받아 상품설명회의 목적과 취지를 설명하여 해당팀 전원과 긴밀한 유대관계를 형성한다. 또 계약을 체결할 때는 급여공제가 가능하게 급여담당팀의 협조도 얻어낸다.

5W 1H를 토대로 한다

① 상품설명회를 하는 목적(why)을 명확히 세운다. 명확한 목표 없는 상품설명회는 성공하지 못한다. 상품설명뿐 아니라 상품이 고객에게 부여하는 이익도 동시에 생각한다. 참석자에게 도움이 되는 정보를 전달하는 마당이어야 한다.

② 상품설명회 개최 일정(when)을 잘 잡는다. 준비에 소요되는 기간을 감안하고 개최 시점의 상황 변수 등을 면밀하게 검토한다.

③ 상품설명회 장소(where)는 분위기 고조에 매우 중요하며 인원 동

원에 큰 영향을 주므로 신중하게 선정해야 한다. 장소를 섭외하면 사전에 답사하여 넓이, 강단 높이, 조명, 음향시설과 부대설비를 갖추었는지 확인한다.

④ 참석대상자 분석(who)은 매우 중요하다. 상품설명회 개최 목적을 달성하기 위해 참석대상자를 분석하여 대응 전략을 수립한다.

⑤ 대상 보험상품을 무엇으로(what) 할지 결정한다. 어떤 상품을 설명할지는 상품설명회의 기획과 입안에 가장 중요한 요소이다. 상품 선정시 참석대상자의 직종, 연령, 성별, 재테크 관심사 등을 분석하여 고객의 니즈에 가장 적합하고 사회 조류에 편승한 것으로 정한다.

⑥ 후속 처리를 어떻게(how) 할지 구체적인 계획을 수립한다. 대상 상품을 결정하면 진행자, 활용 기자재, 정보제공 내용, 프레젠테이션 방법, 봉사용품 선정, 종료 후 앙케트와 가입설계서 작성 등 세부계획을 수립한다.

상품설명회 효과를 극대화하기 위한 6Tips

01 명확하고 완벽하게 설명하여 고객의 신뢰를 얻는다. 상품 설명이 서툴면 참여자들이 보험가입을 망설인다.

02 진행 방향이 결정되면 결단력 있게 추진하여 프로의 이미지를 심어준다.
질문과 반응이 기대와 다를 경우에도 프로답게 신속히 결단한다. 설명회 도중 방향을 놓치거나 뜻밖의 일을 만나더라도 대처할 수 있는 대응력을 기른다.

03 상품설명회 참가자 모두에게 공평한 서비스를 제공한다.
기존 고객 또는 안면이 있는 고객이라고 편애하면 절대 안 된다.

04 가입신청서 배포와 접수를 신속하게 추진한다.
설명회를 마치면 가입신청서를 배포하여 가입희망자들이 신청서를 작성해 제출하게 한다. 가입예정자를 미리 확보하여 설명회를 신청할 때 가입신청서를 제출하게 함으로써 동조행위를 유발해 결심하지 못한 조직원들의 가입을 촉진한다. 가입신청서는 직접 받으며 축하 인사를 꼭 한다.

05 상품설명회를 마친 뒤 사후관리를 철저하게 한다.
키맨 등 협력자, 가입고객은 물론이고 미가입자에게도 참여해준 데 대해 감사인사를 하여 좋은 인상을 심고 개별설득으로 가입신청자를 확대한다. 감사인사를 하려고 방문할 때 영업리더가 동반하면 신뢰감을 더 얻으므로 함께 방문한다.

06 반드시 피드백하고 지속적으로 방문한다.

상품설명회 종료 후에는 앙케트와 신청서를 토대로 유망고객카드를 작성한다. 상품설명의 반응도를 모니터링하여 재도약의 발판으로 삼는다. 지속적으로 방문하여 미참석자를 집중 공략하면서 정성을 다하여 활동하는 모습을 보여준다.

 [김동범의 아름다운 보험인생 편지]

나는 보험의 매력에 흠뻑 빠졌습니다!

사랑에 빠지면 눈이 먼다고 합니다. 사랑하는 이의 모든 게 예쁘고 멋있게 보입니다. 그의 단점도 장점으로 승화할 수 있습니다. 일에 빠지면 정열에 눈이 멉니다. 온 마음으로 일에 열중하면 이 세상 모든 것을 움켜잡을 수 있다는 확신이 생깁니다.

보험에 빠지면 고객에게 눈이 멉니다. 고객의 행복을 내 이익보다 우선하게 됩니다. 보험을 사랑하면 고객의 행복과 자신의 성장에 가장 바람직한 방법을 저절로 알 수 있을 테니까요.

보험은 당신과 고객에게 참사랑의 가치를 전해주는 신용의 꽃입니다. 보험은 고객의 인생재테크를 완결지어 행복의 문으로 더 빨리 갈 수 있게 하는 향기로운 꽃입니다.

금융상품 가운데 보험 꽃보다 더 찬란히 오래 빛나는 꽃은 없습니다. 당신 품에는 곱고 향기로운 다양한 꽃들이 가득합니다. 당신 품에는 그 어떤 꽃보다 아름답고 가치 있는 꽃이 활짝 피어 있습니다.

아쉽게도 그 진가를 모르는 사람들이 있습니다. 많은 사람들이 보험 꽃이 얼마나 아름답고 향기로운지 모릅니다. 그래서 당신은 더욱 애가 탈 겁니다.

당신은 고객을 위해 무엇을 해줄지 방법을 잘 압니다. 그 방법을 친절히 알려주는 아름다운 보험 인생길이 되길 바랍니다. 고객에게 행복의 꽃다발을 가득 안겨주기 바랍니다.

감동받은 고객의 마음이 널리 퍼져 추가계약은 물론 소개와 협력자를 몰고 와 고소득 전문가로 입지를 굳히고 존경받는 프로가 되길 바랍니다.

Part 3
나와 고객을 부자로 만드는 고액계약 체결비법

● **보험세일즈 성공 명언**

보험에이전트의 역할은 고객의 재정을 담당하는 여행사와 같다. 따라서 고객의 상황(출발지)과 목표(목적지)를 파악해 목적지까지 인도하는 가이드 역할을 해야 한다. 그래야 고객 로열티를 향상시켜 고소득을 올릴 수 있다.

– 조지 피켓(George Pickette)

부자고객 확보해야
고효율·고소득 가능

> 고객과 항상 신뢰를 바탕으로 한 파트너십을 유지하는 것이
> 보험에이전트로서 성공하는 지름길이다.
> – 알란 바이스(Alan Weiss)

빈익빈부익부 심화는 현실

고객을 만나기도 힘들고 업적도 오르지 않을 때는 어떤 고객을 공략해야 효율적일까? 이럴 때는 파레토법칙에 따른 VIP마케팅(very important person marketing)으로 부자고객을 발굴하는 것이 가장 효율적인 영업방식이다.

가구별 소득 격차가 점점 더 벌어져 빈익빈부익부 현상이 심화되고 있다. 2009년 1분기 상위 20% 계층(5분위)의 평균가계소득은 하위 20% 계층(1분위)의 평균가계소득의 8.68배로 나타났다.

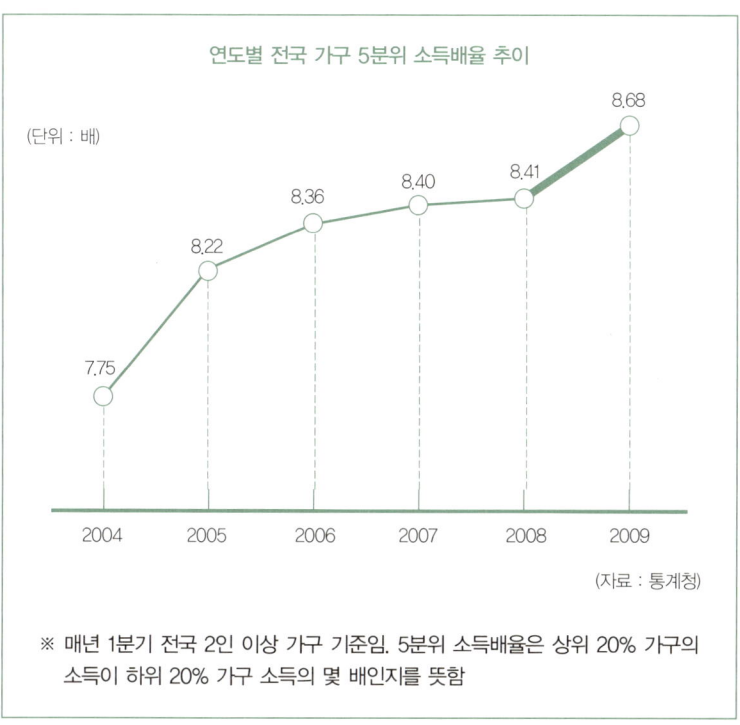

위 그림에서 보듯이 저소득층과 고소득층의 가구당 수입 편차는 해마다 더 커지고 있다.

주목할 점은 상위 20%(5분위) 계층의 월평균 가계소득은 742만 5,000원, 가계수지 흑자액은 256만 원이었고 전체 가구의 월평균 소득은 347만 6,000원, 가계수지 흑자액은 69만 1,300원이었지만 하위 20% 계층(1분위)의 월평균 가계소득은 85만 5,900원, 가계수지 흑자액은 거의 없거나 오히려 조세와 사회보장비 등을 뺀 처분가능 소득으로 지출을 감당하지 못해 적자로 나타난 것이다.

일반적으로 소득이 많을수록 저축률은 산술급수적으로 늘어나기 마련이다. 하지만 소득이 적으면 매월 기본적인 지출 때문에 소득보다 지출이 많아 흑자율이 마이너스를 기록하거나 적자를 메울 예금이나 자산이 없어 빚으로 살아간다.

부자고객은 소득을 더 많이 창출한다

빈익빈부익부가 고착되는 현실을 적극 활용해야 한다. 부자고객은 업적의 파이가 더 커져서 소득을 많이 올릴 수 있지만 가난한 고객은 계약규모가 작아 소득이 작아질 것은 뻔하다.

VIP마케팅을 하는 이유는 ① 영업동선을 짧게 할 수 있고, ② 영업에 지치지 않으며, ③ 고객도 편안하게 만날 수 있다. 또 고소득가구는 고객확보에 시간이 걸리지만 ④ 평균적으로 저축능력이 있고, ⑤ 저축가능금액도 크며, ⑥ 가입하면 중도 해지가 거의 없고, ⑦ 만기까지 유지하는 성향이며, ⑧ 꼬리에 꼬리를 물고 소개확보로 연결되기 쉽다는 장점이 있기 때문이다.

부자는 유지가 잘된다

부유층은 자산에 여유가 있기 때문에 계약 체결 후 중도 해약 걱정을 별로 안 해도 된다. 그러나 서민층은 돈에 쪼들리기 때문에(생활이 빠듯하기 때문에) 긴축재정을 하며 산다. 장기목적자금을 마련하려고 보험에 가입했어도 급전이 필요하면 해약이라는 최후수단을 쓸 수 있다.

실제로 경기침체가 장기화되면 서민층은 은행예금이나 보험 등 현금화할 수 있는 금융상품을 먼저 해지하는 것을 각종 통계가 보여준다. 보험계약 해지자 가운데 상당수가 소액보험료를 내는 서민층이라고 한다.

이처럼 서민층은 여유자금이 없어서 경기에 민감하게 작동한다. 불황이 지속되면 곧바로 가계에 주름살이 생겨 보험을 유지하기 곤란해진다. 그렇게 되면 해약했을 때 환급금 문제로 고객과 사이가 소원해질 수 있다.

그러나 부유층은 경기변동에 거의 영향을 받지 않으므로 함부로 해약하지 않는다. 이들은 기본적으로 쓸 돈은 비축하고 보험에 가입하는데 이것이 부자들의 재테크 마인드이다. 따라서 그러한 우려를 불식하려면 처음부터 파레토법칙에 따라 부유층을 공략해야 한다.

고액계약과 더 큰 소개계약

소득 하위 1분위 고객은 부자고객을 소개하기가 현실적으로 힘들지만 소득 상위 5분위 고객은 일반 고객보다 다른 사람을 소개할 확률이 높다. 또 자신과 비슷한 문화생활을 하는 부유층을 알기 때문에 이들을 통한 소개확보시 피소개자의 자격조건이 월등히 좋아 체결되는 계약도 규모가 크고 양질이다.

부자고객은 다소 까다로워도 일단 계약하고 나면 클레임 처리나 컴플레인이 상대적으로 덜하다. 똑같은 금액으로 똑같은 상품을 계약하더라도 실제적으로 FC에게 돌아오는 이익은 부자고객일 때가 더 크다. 바로 이 점이 부자마케팅을 하는 자명한 이유이다. 실속 있게 동선을 찾아 효율적으로 고객을 만나는 VIP마케팅은 기본 영업활동이다.

고객 한 명을 만나 보험계약을 체결하더라도 고객에 따라 성과의 크기에 차이가 남은 물론 유지 여부에도 영향을 미친다는 사실을 인식해야 한다. 따라서 부유층 고객을 적극적으로 발굴하여 공략하는 자세가 필요하다. 최고를 지향하는 FC에게만 최고의 고객이 생긴다는 것을 명심하라.

부자고객을 확보하기 위한
Compliance Action Planning 5Tips

01 VIP마케팅은 기본 영업활동이라는 확고한 신념으로 영업에 임한다.
부자의 삶을 모니터링하면서 부자를 닮으려는 습관을 들인다. 부자마케팅에 보험세일즈 인생을 건다는 각오로 영업에 임한다.

02 고객카드를 펼쳐놓고 누가 부자인지 세밀히 관찰한다.
보유고객 가운데 어느 고객의 보험포트폴리오 구성이 제대로 되지 않았는지 분석하고 고객의 가계 재무구조를 넌지시 알아본다. 여기에서 부자마케팅은 시작된다.

03 자신의 브랜드화와 차별화가 부자고객을 잡는 데 중요한 자산임을 인식한다.
폭넓은 지식과 꾸준한 노력으로 자기 포장을 고급화하는 데 전력을 기울인다.

04 파레토법칙을 염두에 두어 고객 로열티 향상에 매진한다.
인생재테크 전문가로서 위상을 쌓고 관련 자료를 수집하여 부유층 고객에게 정기적인 상담과 디지로그 마케팅을 펼친다. 특히 재테크 파이를 키우는 재무클리닉 기술을 터득한다.

05 부자고객 확보와 유지에는 관계마케팅이 중요하다.
개별고객에 대응한 자산관리모델을 제공하고 온·오프라인으로 생애관리 서비스를 제공한다.

부자마케팅에 인생을 건다

> 고객을 기다리게 하지 마라. 기다림에 지친 고객은
> 다른 서비스의 훌륭한 점은 거들떠보지도 않는다.
> – 토머스 칼라일(Thomas Carlyle)

고액계약 체결을 위한 동선 찾기

내겐 왜 부자고객이 없을까? 어떻게 하면 같은 조건에서도 고액계약을 체결할 수 있을까? 남들보다 더 큰 계약을 하면서 업적을 많이 올릴 비법은 없을까?

영업을 하면서 이런 화두를 수없이 떠올리고 해결점을 찾으려 했을 것이며, 이 순간에도 그럴 것이다. 요즘 보험영업이 점점 어려워진다는 말이 더 자주 들린다. 부자 아니면 보험계약도 쉽지 않다는 자조 섞인 소리도 들린다.

"왜 당신 고객 가운데 고액계약자가 없느냐?"라고 질문하면 "주변에 아는 부자가 없어서 그렇다"라고 자위 겸 체념하는 컨설턴트도 있는데 그러면 고액계약자를 만들기 힘들다. 오래 영업해도 소득 또한 답보상태를 면하지 못한다. "그래도 이 정도 꾸준히 업적을 쌓을 수 있는 것은 열심히 표준활동을 하기 때문이다"라고 자랑하는 이도 있다.

물론 열심히 하는 것은 영업의 기본이다. 당연히 열심히 해야 한다. 하지만 어떻게, 어떤 방법으로 생산성 있고 효율적으로 하는지가 더 중요하다.

고액계약에 임하는 패러다임 시프트

보험영업에서 고액계약 체결은 어떤 마음과 자세로 하는지, 지금 어떤 고객을 만나고 앞으로 어떤 고객을 만나려 하는지에 달려 있다 해도 지나친 말이 아니다. 고객 발굴 패턴을 과감하게 향상시키고 그에 걸맞은 전문가로 자리매김해야 한다.

길을 알고 가는 것과 모르고 가는 것은 시간과 경비 면에서 차이가 크다. 보험영업도 마찬가지다. 똑같은 계약이라도 어떻게 고액계약으로 이끌어낼지를 알고 고객을 만나 프레젠테이션해야 한다.

고액계약을 효과적으로 빨리 그리고 효율적으로 체결할 동선을 찾아야 한다. 똑같은 사람을 만나도 더 큰 계약을 뽑을 수 있는 테크닉을 쌓고, 고객을 만나려고 개척활동을 하거나 소개 의뢰할 때는 부유층 고객을 잡으려는 열정과 집착이 있어야 한다.

나를 부유층 고객에 맞게 디자인하라

큰 물고기는 큰물에서 놀 듯이 고액계약을 체결하는 톱 세일즈맨은 소액계약을 체결하는 세일즈맨과 사고는 물론 노는 물이 다르다. 부자와 터치거리를 짧게 하려면 먼저 자신의 그릇을 키워 부자를 닮는 모습을 보여야 한다.

현재 보유한 고객의 수준을 향상시킬 방법을 모색한다. 부유층 고객과 어울릴 생각으로 그들과 동일선상에 앉아 내 진면목을 어떻게 보여줄지 늘 연구한다.

자신의 가치를 충분히 발휘하여 매력 있게 행동하고 지적으로 보이게 이미지를 관리한다. 여기에서 고액계약을 체결할 에너지가 생긴다. 감나무 아래 드러누워도 감은 떨어지지 않는다. 나무에 올라가 감을 따는 방법을 터득해 실천해야 한다.

부자를 알아야 그들을 잡는다

"호랑이 굴에 들어가야 호랑이를 잡는다"라는 속담이 있듯이 부자들의 속성과 보험 니즈를 알고 공략 방법을 모색해야 부자고객을 가족화할 수 있다. 부자들은 속마음을 안 보이며 수입 노출을 꺼리고 자존심이 강하다. 최종 결정은 반드시 자신이 하며 가입 후 수입이 노출될까봐 직접 수금을 원하는 경우도 있다.

부자고객들이 자신의 은밀한 재정 상황을 하나, 둘 이실직고(?)하게 만드는 위력은 신뢰에서 나오므로 신뢰를 쌓는 것이 부유층을 고객으로 만드는 가장 빠른 길이다. 또 그들은 외로움을 많이 타는 경향이 있으므로 편안하게 이야기를 나눌 카운슬러가 된다면 그들과 좀 더 가까워질 수 있다. 고액계약을 꾸준히 체결하려면 그에 따른 인프라를 하루빨리 구축하면서 체계적으로 부자 공략을 실천해야 한다.

> ♣ 톱 에이전트가 전하는 성공 노하우
>
> 큰 고객을 상대하려면 타깃마케팅을 시도하면서 사고의 폭과 크기가 달라져야 한다. 큰물에 들어가면 크게 생각해야 한다. 큰 액수의 보험계약을 진행하는 데 익숙해지면 차츰 규모가 큰 시장도 중간이나 소규모 시장과 똑같이 편해질 것이다. 그리고 이런 변화에 익숙해지면 중간이나 소규모 시장에서의 노력은 감하고, 규모가 큰 시장에서의 노력은 더하는 조정 노력도 생기게 된다. 결국 자산 플랜과 기업 고객이 전체 세일즈의 중심을 채울 것이다.
>
> — 마빈 펠드먼(Marvin Feldman)

부자마케팅을 성공하기 위한
Compliance Action Planning 5Tips

01 고액계약 창출 분위기를 조성한다.
가입금액에 관한 고정관념을 탈피하고 고액계약을 자신 있게 권유할 컨설팅 능력을 배양한다. 고액계약을 체결할 수 있다는 자신감이 중요하다.

02 부유층 고객은 상품보다 보험컨설턴트의 신뢰를 우선한다.
신뢰를 쌓고 난 다음 재무지식과 정보를 제공한다. 부유층 고객들에게 신뢰는 계약과 직결되며, 일단 신뢰를 얻으면 대부분 일사천리로 진행된다. 마음의 문을 열기는 힘들지만 일단 열면 협력자가 되어준다. 방문 전에 고객의 특성, 접근 방법, 니즈기법을 분석하고 상담에 임하면 자신감이 생겨 시행착오를 줄일 수 있다.

03 부자들의 보험 인식과 재테크 습성을 정확하게 알고 컨설팅에 임한다.
부유층 고객들은 해약에 따른 손해를 꺼리고 금리에도 민감한 경우가 많다. 그러나 의외로 그들이 지닌 금융기관에 대한 정보가 정확하지 않다. 이런 점을 인식하여 정보를 쉽게 정리하고 가공하여 제공하면 신뢰가 더욱 구축된다.

04 부유층은 효과적 절세 방법을 요구하므로 재테크 클리닉을 해준다.
금융소득종합과세제도와 상속세, 증여세는 재산이 없는 사람에게는 아무것도 아니지만 부유층에게는 가장 무서운 세금이다. 이런 점을 활용하여 자산을 안정적으로 관리하고 재테크 파이를 늘려줄 재무클리닉 능력을 키운다. 이 경우 세무사, 회계사, 법무사와 업무를 제휴하는 것도 좋은 방법이다.

05 부유층 고객의 마음을 움직일 키맨을 발굴한다.

유유상종이라고 부유층은 부유층을 소개하므로, 부유층 고객의 마음을 움직일 키맨을 파악하고 소개자의 영향력을 최대한 활용한다. 이때 소개자가 선택한 계약 내용이나 개인적 문제는 절대로 이야기하지 말아야 한다. 고객의 정보와 비밀 등은 신뢰의 문제이기 때문이다. 만약 그런 질문을 받았다면 직접 알아보라고 권유하는 것이 좋다.

고객을 부자로 만들어라

> 상대를 키워야 내가 큰다고 생각해야 한다. 고객이 부자가 되어야
> 내 영업도 잘되고 나도 부자가 될 수 있다는 사고로 고객을 대해야 한다.
> – 클레멘트 스톤(W. Clement Stone)

재무클리닉 고수가 돼라

보험회사와 보험컨설턴트, 내근담당 직원, 보상직원 가운데 고객에게 가장 큰 영향력을 행사하는 사람은 누구일까? 바로 보험컨설턴트이다. 미국생명보험마케팅연구협회인 LIMRA의 조사에 따르면, 보험계약자들에게 생명보험 가입에 가장 큰 영향력을 발휘한 사람은 우수한 컨설턴트들이었다고 한다. 컨설턴트가 소속한 회사도 보험상품의 우수성도 보험금도 아니고, 고객들이 주기적으로 지불해야 할 보험료도 아니었다고 한다.

우수 FC는 지식 있고 도덕적이며 고객을 세심하게 배려하면서 고객의 인생재테크를 완성하기 위한 방법을 모색하는 전문가를 의미한다.

보험영업에서 중요한 것은 고객이 '나'를 어떻게 생각하느냐이다. 고객이 내 능력을 신뢰하고 좋아하고 존경하면서 나를 개인적인 재무상담자로 생각한다면 판매 기회는 크게 향상될 것이기 때문이다.

이뿐만 아니라 재계약이 크게 증가하는 것은 자명하며 소개계약 또한 늘어날 것이다. 고객이 전적으로 신뢰할 능력과 인품을 쌓은 진정한 프로 FC라야 고객이 안심하고 모든 자산에 대한 재무클리닉을 지속적으로 받는다는 사실을 가슴에 새겨야 한다. 이것이 고객을 부자로 만들면서 컨설턴트 또한 평생 고소득을 유지할 수 있는 기본적인 조건이다.

고객의 자본이득을 높이는 영업철학

보험영업의 철학을 고객의 자본이득(capital gain)을 높이는 데 두고 재테크 파이를 키우는 재무클리닉을 해야 한다. 돈 버는 방법은 부유층에게 배워야겠지만 부유층은 대부분 보험을 이용한다는 점을 알고 보험을 통해 고객을 부자로 만들 수 있다는 신념으로 재무컨설턴트의

길을 가야 한다.

고객을 부자로 만들 책임이 자신에게 있다고 생각해야 한다. 고객을 가난하지 않게 도울 책임도 자신에게 있다고 생각해야 한다. 진정한 FC는 무엇보다 앎과 삶이 따로 놀지 않는다. 자신과 고객을 위해 부단히 노력한다. 재무 목표에 따라 자산형성과 자산관리를 효율적으로 재구성하는 방법을 컨설팅하여 고객의 이익이 늘게 만든다. 고객의 인생 설계자로서, 금융 주치의로서, 자산형성 주치의로서 고객이 부자가 되게 만들어야 한다.

이것이 고객을 위한 진정한 재무클리닉이다. 해당 상품의 소득발생

여부보다 고객에게 어떠한 이익을 지속적으로 줄지, 보험사고 사후 서비스는 어떻게 할지를 생각하면서 고객을 배려한다.

고객 인생재테크의 동반자가 돼라

보험은 여러 가지 목적에 사용할 수 있는데 그중 본연의 기능인 재정안정보장 수단으로 사용할 때 가장 효율적임을 염두에 두고 컨설팅한다. 단순히 판매하는 것이 아니라 고객이 인생재테크를 올바로 실현할 수 있게 위험보장과 재테크 솔루션을 제시한다.

특히 보험투자 상품이라도 고객의 재정안정과 재테크를 위한 재정클리닉을 실행하기 위해 제안하는 상품임을 간과해선 안 된다.

장기적 관점에서 고객의 재무목표를 달성하기 위한 보장테크와 재테크 니즈를 환기시키면서 최적안을 제시한다. 재테크 터전에 보장의 집을 짓게 해서는 안 된다. 고객의 생활보장이라는 터전에 재테크라는 집을 지어주는 재무컨설턴트가 되도록 한다. 그래야 이자소득세 비과세, 금융종합과세 제외 등 세테크 기능과 상속기능을 유효적절하게 활용하여 부자고객을 사로잡을 수 있다.

디마케팅으로
영업효율화 제고

> 비즈니스의 80%는 거래한 적이 있는 상위 20명의 고객에게서 나온다.
> 80 대 20 법칙을 기억하라. 80%의 일은 20%의 고객에게서 나온다.
> – 랠프 로버츠(Ralph Roberts)

모두 내 고객일 수 없어

영업활동에서는 수많은 사람을 만나는데 그들을 모두 내 고객으로 만들면 좋겠지만 아무리 노력해도 그렇게는 안 된다. 서로 처지가 어울려야 인연의 끈이 생기고, 인간관계를 토대로 고객과 보험컨설턴트라는 새로운 역학관계가 생긴다.

먼저 고객 처지에 맞추려는 자세가 중요하다. '수많은 사람들 가운데 누가 내 고객이 될까?' 늘 탐색하면서 고객을 발굴해야 한다. 여기서 대량판매 또는 고액계약 체결을 위한 전략적 시도를 하기 전에 반드시 짚고 넘어가야 할 문제가 제기된다.

현재 당신이 확보한 비즈니스 연고 고객과 앞으로 고객이 될 자연연고 고객 그리고 아직 백지시장의 낯선 고객들을 내 편으로만 만들 수 있는지 진지하게 검토하고 분석해야 한다. 신규 고객화를 넘어 그들의 지인까지도 어떻게 내 고객으로 만들지가 중요 과제이다. 단지 안면이 있다고 수많은 고객을 무조건 끌어안을 수는 없다.

수레에 물건을 모두 실을 수는 없다. 감당할 수 있는 물건을 싣되 가장 가치 있고 활용도 높은 물건만 엄선해야 한다. 이러한 마음자세로 고객을 맞이할 때이다. 로열티고객을 발굴하는 발상의 전환이 필요하다.

부자를 족집게처럼 찾는 디마케팅

디마케팅(demarketing)은 보험상품을 판매할 때 전략적 선택과 집중으로 고효율을 가져오게 하는 타깃 세일즈 전략이다. 고객의 인생 3L(life cycle, life style, life stage)을 면밀히 파악하여 보험 가입이 곤란하거나 가입 여력이 없는 이탈 가능 고객에게 매달리지 않고, 가입 능력이 확실한 부유층 고객과 중산층 고객 그리고 협력자와 키맨을 적극 공략하여 충성고객으로 만드는 기법이다.

냉철하게 판단하여 업적에 도움이 안 되는 고객과는 거래를 끊고 우량고객에게 차별화된 서비스를 집중적으로 제공해 기회비용을 절감하고 수익을 극대화하는 선택과 집중이 필요하다.

핀셋으로 콩을 고르듯 고객을 정교하게 찾아내는 데 역량을 집중함으로써 업무의 효율성과 채산성을 높이는 일명 족집게 마케팅을 펼치는 것이다.

같은 값이면 다홍치마라고 업적과 소득에 모두 도움이 되는 우량고객을 찾아야 고효율의 영업활동을 지속할 수 있다.

디마케팅으로 우량고객을 가려라

디마케팅전략이 무르익으면 고객에게 불완전 판매를 하지 않는 한 중도 해약이나 실효 같은 불상사를 당하지 않는다.

자금이 넉넉한 우량고객이 일반적으로 유지가 잘된다는 것은 계약의 보전유지 파트에서 일하는 사람이라면 누구나 다 안다. 당신 또한 그렇게 생각할 것이다.

상위 20% 고객을 집중 공략하라

　디마케팅은 VIP마케팅과 궤를 같이한다. VIP마케팅은 상위 20%인 소수의 부유층만을 상대로 세일즈를 펼치는 방식이다. 최상위 5분위인 20%에 들어가는 로열티고객을 상대로 전략적으로 마케팅을 진행하는 것이다.

　이렇게 하면 최하위 1분위에서 중상위 4분위에 속한 80%의 일반고객을 상대로 하는 것과 비슷한 업적을 올릴 수 있음은 파레토법칙이 입증한다.

따라서 우량고객에게 선택과 집중이 필요하다. 아무나 또는 누구나 내 고객이 될 수는 없다. 보험시장의 파이가 고정되는 상황에서는 공격적인 디마케팅으로 충성고객을 늘려야 한다. 단, 철저한 고객 분석이 선행되어야 한다. 마음 내키는 대로 눈에 보이는 것만으로 고객을 분류한다면 정작 우량고객을 놓칠 수 있다.

점찍어둔 시장을 세분하고 고객정보를 빠뜨림 없이 될 수 있는 한 많이 입수하여 철두철미하게 사전조사하고 그에 따른 눈높이 전술이 선행돼야 한다.

활동할 때마다 고객정보를 입수하고 고객의 성향을 관찰했다가 귀소 후 고객카드를 만들고, 등급을 매기고, 수정하고, 새롭게 하는 DB 작업을 일상화해야 한다.

디마케팅을 추진하려면 나머지 고객은 장기보험이 아닌 단기보험 고객이 되게 이중의 노력을 기울여야 한다. 그래야 한 명의 고객이라도 놓치지 않는다.

디마케팅을 성공하기 위한
Compliance Action Planning 5Tips

01 고객을 비즈니스, 자연연고, 낯선 고객으로 세분한다.
고객 시장의 변화를 읽고 대응하는 통찰력, 집중력 그리고 시장 분석력, 고객 심리 연구 등이 필요하다.

02 기존고객은 보험료 규모별 또는 환산성적별로 순위를 매긴다.
계약 건수별 또는 최근 계약과 만기도래 계약, 소개고객과 협력자를 구분하여 계약 가능한 고객, 소개 가능한 고객을 분석한다.

03 선택과 집중으로 고효율을 올리는 족집게 마케팅을 실시한다.
보험세일즈는 수리와 과학을 토대로 하는 첨단 업종이므로 영업활동에 효과를 극대화하려면 반드시 타깃 마케팅을 실시한다. 오늘은 누구를 만날지 확실히 한 다음 그 고객을 집중 공략하는 족집게 마케팅을 전개해야 한다.

04 과학적이고 합리적으로 판단하여 보험을 판매할 수 있다면 앞에서 제안한 재무플랜을 토대로 공략한다.

05 파레토법칙을 염두에 두고 고객 로열티 향상에 매진한다.
인생재테크 전문가로서 위상을 쌓고 관련 자료를 수집하여 부유층 고객들과 정기적으로 상담하고 CRM마케팅을 적극적으로 펼친다.

맛깔스러운
이벤트의 전략적 개최

> 내가 성공하는 데 도움을 준 요소는 세미나 개최였다.
> 일반적으로 에이전트들은 세미나를 조직해서 개최하는 데는
> 시간과 돈이 많이 필요하다고 생각한다.
> 하지만 내게 세미나 개최는 정말 유용한 기회였다.
> – 레슬리 토머스(Leslie Thomas)

이벤트 능력이 탁월해야

"보험설계사가 보낸 우편물을 받았다. 보험상품 안내문이거나 선물용 매거진이라 생각하고 대수롭지 않게 뜯어보니 연애편지지같이 예쁜 용지에 '감사의 표시로 재테크 세미나를 개최하니 꼭 참석해 모두 부자가 되었으면 좋겠다'는 내용이 들어 있었다.

초청장에 안내된 대로 해당 날짜(토요일)에 참석해보니 사람들이 많이 와 있었다. 설계사가 고객을 일일이 호명하면서 감사 인사를 표했다. 점심식사와 곁들인 전문강사의 재테크 얘기에 이어 담당설계사의

'인생재테크와 가정의 행복완성'이란 강의를 듣고 나니 인생재테크 설계를 다시 해야겠다는 마음이 들었다.

사업을 하는 나는 고객들에게 도움이 되는 차원에서 정보를 공유하면서 시너지 효과를 얻을 수 있도록 친목형식의 모임을 정기적으로 하자고 제의했다. 모두 환영했다. 휴식시간에 서로 인사를 나누니 처음 만났는데도 화기애애했다. 질의응답 시간에는 평소 보험에 관해 궁금했던 점과 가입한 보험에 컴플레인이 있을 경우 어떻게 할지에 대해 상세한 설명을 들었다. 보험 리모델링 필요성도 피부에 와닿게 말해주었다. 인상 깊고 유익한 세미나였다."

위 글은 필자가 어느 고객에게 들은 내용이다. 담당컨설턴트 경력은 15년 이상 되었는데, 이런 이벤트마케팅(event marketing)을 해야 고객 로열티를 향상시키면서 평생영업으로 가꿀 것 같아 6개월 넘게 준비해서 고객들을 초청했다고 한다.

그 뒤로 고객들의 태도가 달라지고 소개확보도 더 많아졌다고 한다. 업무제휴 차원에서 고객끼리 정보를 공유할 수 있게 인터넷카페를 만들어 총괄하다 보니 고객들의 일도 잘되고 보험영업도 덩달아 즐거워졌다고 한다.

이는 보험경력이 길고 고객수도 많아 감사의 표시로 큰 이벤트를 개최하여 성황리에 끝맺은 사례로, 벤치마킹할 만한 대상이다.

세미나는 계약과 로열티 향상에 양수겸장

이벤트의 달인인 보험에이전트 레슬리 토머스는 자신이 성공하는 데 도움을 준 요소는 세미나 개최였다고 했다. 그는 세미나 개최 목적을 보험가입이 아니라 재무정보를 제공하는 데 두었는데, 그것이 고객들이 그를 더욱 신뢰하고 단골이 되게 한 요인이었다. 세미나, 상품설명회 등의 이벤트에 도움이 될 레슬리 토머스의 말을 옮긴다.

"일반적으로 에이전트들은 세미나를 개최하는데 시간과 돈이 너무 많이 든다고 생각하지만 내게 세미나 개최는 정말 유용한 기회였다. 세미나 개최 이유는 정보 제공이지 결코 세일즈를 밀어붙이려는 것이 아니다. 내가 세미나를 개최할 때에는 주로 마을의 작은 레스토랑을 이용했는데 이곳의 장점은 사람들이 편하게 식사하면서 내 이야기에 귀를 기울인다는 것이다.

나는 명함을 돌리지 않고 단지 내 이름이 적힌 안내 전단을 나눠주었다. 보험을 가입하지 않은 사람들도 좋은 정보에 고마움을 표시했고 나중에는 고객이 되었다. 내 고객들은 내게 존경을 표시한다. 나는 지금 하는 이 일을 성장이라는 견지에서 지켜본다. 내가 새로운 지위로 올라가든 그렇지 않든 상관없이 고객들의 니즈가 커질 때마다 그들과 함께 성장하는 기쁨을 느낀다."

고객을 평생 동반자로 여긴다면 그들을 위한 감사의 장을 마련할 필요가 있다. 그러면 고객은 담당설계사를 다르게 봄은 물론 참석자들과 동질감을 느껴 한 가족 같은 분위기가 조성되고 그 인연으로 서로 도움을 주게 된다.

담당설계사에게는 협력자가 되는 고객들이 늘어난다. 즉 고객을 위한 이벤트는 경비 부담이 아닌 새로운 시장 확보와 로열티 향상을 통한 기존 영역 수성이라는 양수겸장의 효과가 있다. 이벤트는 여러 가지를 준비하고, 색다른 행사를 기획하고 추진하면서 얻는 경험 덕분에 한 단계 더 성숙한 자신을 발견하는 소중한 기회가 된다.

이벤트가 성황을 이루려면 반드시 공감대가 형성되어야 한다. 내가 바라는 목적과 상대의 요구가 맞아떨어져야 효과가 극대화된다. 식사나 다과를 곁들인 일반적 이벤트는 세미나 형식이 바람직하다. 직장에서 할 때에는 키맨의 도움을 얻어 상품설명회를 하는 것이 가장 효과적인 영업 전략이다.

이벤트를 성공하기 위한 Compliance Action Planning 9Tips

01 어떤 형식의 이벤트인지 프로그램을 정확히 짠다.
세미나를 여는 목적이 분명해야 한다. 당연히 고객들이 대상이지만 그중 누가 주 대상인지 타깃을 정한다. 초청범위와 프로그램 형태를 사전에 회사(지점 또는 본부)에 알리고 도움을 요청한다. 몇몇 협력자와 키맨과 협의한 다음 최적안을 도출하는 것이 좋다. 플래카드에는 '가족 여러분이 저의 희망입니다', '언제나 변치 않는 소중한 가족으로 모시겠습니다' 등의 문구를 넣어 동질감을 형성한다.

02 세미나 개최일자는 적어도 3개월 전에 결정한다.
이벤트는 철저한 사전준비가 성공의 열쇠다. 3개월 전부터 착실히 준비하고 초청장은 늦어도 1개월 전에 보내는 것이 바람직하다. 그리고 참석 여부를 알 수 있게 회신을 부탁한다. 물론 개개인에게 다시 전화해 초청장을 받았는지 그리고 참석하는지를 파악하는 것도 필요하다.

03 기존고객과 유망고객을 함께 초청한다.
기존고객은 대부분 보험컨설턴트에게 우호적이므로 발굴한 유망고객을 함께 초청하면 유망고객들과 이야기할 기회가 되어 유망고객은 분위기에 젖으면서 우호세력으로 조금씩 다가온다. 유망고객 초청대상자는 해당 지역사회의 유력인사, 유명한 봉사자, 직역 임원, 기관장 등으로 하여 관심을 유도하는 것이 효과적이다.

04 세미나는 단순한 고객 초청모임과 다르게 하는 것이 좋다.
겉으로는 기존고객을 위한다 해도 유망고객을 신규고객화하기 위한 이벤트가 되어야 한다. 따라서 프로그램도 기존고객과 유망고객이 모두 만족하는 방향으로 해야 한다.

05 참석자들이 편안해야 한다.
부담감이 있으면 왠지 망설여지므로 처음부터 편하게 참석하라는 점을 강조한다. 세미나의 목적은 고객에게 도움을 주기 위한 것이지 신계약 체결이 아님을 주지한다. 또 기계약자나 협력자 또는 유력자라 하여 특별대우하고 일반고객은 소홀히 대하면 차별대우를 받았다고 여겨 보험가입은커녕 나쁜 감정만 심어주므로 참석자 모두에게 공평하게 서비스한다.

06 또 오고 싶게 향상된 이벤트를 개최한다.
성과물이 확실하게 나타나도록 철저한 시뮬레이션과 향상된 내용으로 개최한다. 특강은 모든 참석자에게 도움이 되는 양질의 정보가 제공되도록 섭외한다. 간단한 음식물과 함께 소속 보험사 세일즈 터치 툴도 제공한다. 감사이벤트에서 다과회나 식사 준비를 소홀히 하지 않는다.

07 고객과 만남의 장을 여는 이벤트도 필요하다.
상호 인사와 자기소개 기회를 주는 것도 좋다. 고객들마다 정보를 수집하고 도움이 되게 하려고 노력한다고 여기게끔 배려심이 짙은 관심을 기울이고 말을 해준다.

08 초청자들만의 특별한 분위기를 연출한다.
'정말 오길 잘했다. 나도 이 설계사의 고객이 되고 싶다'는 생각이 들 만큼 참석자들이 참으로 소중하다는 인식을 심어준다. 그렇게 하려면 세미나 행사를 공식적으로 하되 비공식적인 분위기를 연출하여 편안하고 아늑하게 만들어야 한다. 장소는 누구나 찾기 편하고 주차시스템이 잘 갖춰진 곳을 선택한다.

09 반드시 팔로우 업하여 지속적으로 유대관계를 맺는다.
세미나가 끝난 뒤에 참석자들이 그냥 가도록 해서는 안 된다. 고객을 가족화하는 것이 급선무이므로, 정기적 터치로 친밀감과 신뢰도를 높이면서 개별적으로 계속 만난다.

미래가치에 합당한 재무플랜 제시

> 커다란 니즈가 있는 고객들은 커다란 문제를 해결하기 위해
> 더 큰 보험료를 지불할 준비가 되어 있다.
> – 게리 시츠만(Gary Sitzmann)

고객 가치에 합당한 보장플랜 제안

사람들은 돈의 쓰임새를 중요시하므로 수치에 민감하다. 특히 부유층 고객은 자신의 스케일을 다른 사람들이 알아주길 바라는 경향이 있다. 칭찬 앞에서 사람의 마음이 약해지듯 다른 사람이 치켜세우면 우쭐하는 것이 부유층의 심리다. 보험컨설팅에서는 이런 부유층 사람의 심리를 파악하여 적절히 활용해야 한다.

"크게 생각하라. 그리고 고객의 니즈에 합당한 수준만큼 큰 금액의 보험료를 제시하라."

시바타 가즈코는 보장플랜을 상대방이 놀랄 만한 금액으로 먼저 제시하는 것으로 유명하다. 상대방의 능력을 높이 산다는 말을 덧붙이면서 "이 정도 보장플랜은 해야 완전한 재정안정설계가 이루어진다"라고 설득한다. 그러면 고객들은 너무 큰 보장플랜에 놀라지만 그녀의 진정성 담긴 설득에 굴복하여 사인한다.

이는 단순히 보험료를 올려 내 소득을 더 올리려는 것이 아니다. 고객의 프라이버시를 이용하면서 고객의 라이프스케일이 커질 것이라는 확실한 재무플랜을 토대로 설득력 있게 주지시켜 고객 스스로 가치를 인정받았다고 확신하게 하는 심리 마케팅전술이다.

유명 보험에이전트인 메이디 파카르자데(Mehdi Fakharzadeh)의 말을 가슴에 담으면서 큰 계약고를 올리자.

"어떤 사람에게 100만 달러짜리 보험을 팔기로 생각했다면 200만 달러짜리를 권유해보라. 어떤 일이 일어날까? 아마 200만 달러 보험증서에 사인할 것이다. 최악의 경우라도 100만 달러는 가능하다. 그러나 50만 달러로 시작하면 50만 달러로 종결될 수도 있다. 그러니까 크게 생각하라."

공감대를 형성할 히든카드

고액계약을 이끌어내려 할 경우 보험의 특징이나 장점 가운데 작은 보장내용을 나열하는 식으로 설득한다면 공감대가 제대로 형성되지 않는다. 가장 특징적이며 매력적인 히든카드를 먼저 제시하여 고객의 의혹(궁금증)을 일시에 해소하고 불안요소를 제압한다.

고객의 경제 수준을 고려한 최고액을 보험료로 제시하여 기선을 제압하는 테크닉이 필요하다. 고객의 재무 능력이 최고라고 칭찬하며 공략하는 방법도 때론 효과적이다.

주도적으로 컨설팅한다

프레젠테이션할 때 고객에게 가입금액을 물어서는 안 된다. '얼마로 하시겠습니까?' 등의 질문은 금물이다. 백화점에서 옷을 살 때 코디가 구색을 맞추면서 권하듯 전문가는 고객의 재무분석을 철저히 하고 이 정도 금액은 충분히 가입할 수 있으며, 인생재테크 파이 확대와 라이프스케일에 맞추려면 반드시 가입해야 한다는 당위성을 제시한다.

이때 제안하는 금액이 높아도 무방하다. 돈이 많은 사람들은 심리적

으로 우월의식(과시욕)이 있으므로 이를 역이용한다. 보험의 필요성이 상대적으로 큰 사람들 가운데 부유층, 전문가 집단, CEO, 재테크에 호기심이 많은 사람, 세금에 신경 쓰는 사람, 유명인사, 고소득 샐러리맨 또는 전문직업인, 사회활동을 많이 하는 사람, 가족력 또는 보험수혜 경력이 있는 사람에게 이를 사용한다. 특히 프라이버시가 강한 고소득층에게 이런 화법을 활용하면 효과적이다.

프레스티지 마케팅으로 베블렌 효과를 노려라

명장들도 처음에는 아마추어였다.
- 랠프 월도 에머슨(Ralph Waldo Emerson)

부유층의 구매심리를 역이용한다

비싼 상품, 고급 상품, 가치 있는 상품, 소량 상품, 희귀 상품 등 명품을 갈구하는 부유층의 소비행태는 일반 사람들과 사뭇 다르게 표출된다. 명품은 기능과 쓸모보다 명품이 특별히 어필하는 이미지와 그를 통한 자기만족과 과시욕 때문에 사는 경우가 많다.

돈이 많은 고객은 차별화된 대접을 받길 원한다. 다른 사람에게 무언가 돋보이려 한다. 뽐내고 싶어 하고 생색내려 한다. 물건을 구매할 때 질질 끌지 않고 일단 마음에 들면 곧바로 구매하는 화끈한 면도 있다.

자신은 다른 사람과 다르다는 것을 은근슬쩍 내비치려는 자기과시성의 발로이다.

실제로 부유층은 과시성 구매 경향이 매우 짙고 강하다. 당장 필요하지 않은데도 돋보이고 싶어서 소비하는 경우가 있다. 남들이 구입하기 어려운 값비싼 상품을 보면 사고 싶어 하는 스노비즘(snobbism)이 있다.

부유층 고객은 금전이나 명예 또는 눈앞의 이익에 관심이 지대하면서도 겉으로는 고상한 체하는 속물근성이 있다. 자신의 존재를 차별화하려고 마음껏 구매하거나 구매한 상품을 통해 자신의 경제적·사회적 가치를 돋보이게 하려는 심리를 보인다. 그래서 경기가 나빠도 고가의 명품이 잘 팔린다.

프레스티지 마케팅으로 베블렌 효과 극대화

부유층은 비싼 명품일수록 열광하고 자신을 드러내고 싶어서 구매하려는 과소비 경향이 있는데, 이런 심리적 현상을 베블렌 효과(Veblen effect)라 한다. 베블렌 효과는 보통의 수요곡선과 정반대로 나타나는 특이성이 있다. 귀한 명품은 비쌀수록 구매자가 많아지고, 값이 내려갈수록 구매자가 줄어드는 이상한 경향도 나타난다.

이와 같이 명품에 약한 부유층 고객을 대상으로 베블렌 효과를 극대화하는 세일즈 전략을 프레스티지 마케팅(prestige marketing, 귀족마케팅)이라고 한다.

프레스티지 마케팅은 부유층 고객의 과시성 소비심리를 마케팅에 접목해 이익을 극대화하려는 차별화된 VIP마케팅(또는 VVIP마케팅)이다. 부자들의 명품선호를 이용하여 베블렌 효과 극대화를 노린 프레스티지 마케팅을 펼쳐야 부유층 고객을 쉽게 내 편으로 만들 수 있다.

보험은 명품 중의 명품

보험영업에서 프레스티지 마케팅은 보험상품이 가장 훌륭한 고품격 상품임을 강조하는 전략이다. 제안하는 보험플랜은 아무나 가입하는 상품이 아님을 은근슬쩍 내비쳐 고객 자신이 차별화되어 선택된 사람이라는 우월의식을 갖게 유도하는 심리전술기법이다.

이런 경우에는 명품의 본질을 상품 파워로 파악하고 차별화 전략을 추진하여 업그레이된 이미지 창조에 주력해야 한다.

실제로 보험은 들어가는 자금(총납입보험료)의 규모로 보아 그 어떤 상품보다 고가의 명품이다. 하루하루 살기 빠듯한 서민층은 10년이나

20년 후를 겨냥해 매월 정액불입을 하기가 쉽지 않다. 계약을 유지하는 내내 부담감으로 작용할 수 있고 중도 해약이라도 하면 서로 마음이 편치 않을 것이다.

부유층 고객은 고객관리를 소홀하게 하거나 신뢰를 잃지 않는 한 중도 해약이란 변수는 거의 발생하지 않는다. 남한테 약한 면을 보이기 싫어하는 이들은 프라이버시를 생각해서라도 끝까지 보험료를 불입하려는 심리가 강하다.

이러한 부유층 고객의 명품 구매심리를 고품격 상품인 보험에 적극 활용하면 금액이 더욱 큰 알찬 계약을 체결함은 물론 유지율도 좋아 금상첨화다. 보험과 VIP고객은 일맥상통하는 밀접한 관계라 할 수 있다.

프레스티지 마케팅을 성공하기 위한
Compliance Action Planning 5Tips

01 제안하는 보험상품이 가장 좋은 최상의 상품임을 강조한다.
고객의 니즈에 알맞게 명품으로 디자인하여 구매 욕구를 환기시킨다.

02 고객에게 선택을 받고 있다는 강한 인식을 심어준다.
제안하는 보험은 아무나 가입하는 상품이 아닌 고품격 상품임을 알려준다. 세일즈 터치 툴도 최상의 것으로 꾸민다.

03 고객이 진심으로 최상의 대접을 받는다고 느끼게 재무서비스를 해준다.
다른 고객들과 차별화된 고품격 재무서비스를 제공한다. 그래야 제안하는 보험상품에 뛰어난 브랜드 로열티를 가질 수 있다.

04 재무전문성을 갖춰 고객에게 차별화되고 전문적인 이미지를 심어준다.
오늘 만날 고객의 성향과 부합되는 자료를 정선하여 대화하면서 적기에 보여주어 공감대를 형성한다. 노트북을 갖고 다니면서 영업현장에서 동적인 자료를 보여주어 고객이 더욱 신뢰할 수 있게 한다.

05 재테크파이를 키울 수 있게 해준다.
 고객이 잘 가입했다는 생각이 들게 최적의 만족감을 심어주고 지속적으로 재무서비스를 한다. 이때 자산운용 4분법에 따라 가계자산 형성을 관리하고 재테크파이가 커지게 재정클리닉을 한다.

가치마케팅으로 퍼펙셔니스트 효과를 노려라

> 가치마케팅으로 퍼펙셔니스트 효과를 노려라.
> 인생에서 가장 중요한 판매는 자기 자신에게 자신을 파는 것이다.
> – 맥스웰 말츠(Maxwell Maltz)

싸다고 무작정 구매하지 않아

보험시장이 다원화·다각화되다 보니 온라인과 오프라인을 막론하고 보험판매채널이 너무 많다. 그러다 보니 고객은 양질이면서 저렴한 보험상품을 물색하는 영악한 모습을 보인다. 그런데도 방문하는 보험 컨설턴트에게 보험을 가입하는 고객이 훨씬 많다.

여러 연구기관에서 고객 만족도를 조사한 결과를 보면 다양한 보험 판매채널 가운데 방판영업을 하는 보험컨설턴트들에게 계약을 체결했을 때 만족도가 가장 양호했다. 보험상품이 다소 비싸고 점점 인스턴트화되어 사람의 방문을 꺼리는 경향인데도 보험컨설턴트들에게 가장 많이 가입하고 만족도가 높은 이유는 무엇일까?

보험세일즈는 가치를 파는 명품직업

고객은 단지 보험상품의 기능만 보고 보험을 가입하지 않는다. 보험상품의 기능뿐만 아니라 FC의 가치와 해당 보험사의 가치까지 종합적으로 판단하고 가입한다. 고객이 상품의 가치만을 따지지 않는 이유는 장래 효용가치가 나타나는 상품이라야 유지관리를 통한 보험혜택이 더욱 커지기 때문이다. 일단 가입하여 효용성을 안 다음에는 그를 추천한 보험컨설턴트와 지속적으로 관계를 맺으면서 거래하고 싶어 한다. 그렇게 하는 것은 상품 하나라도 전문가에게 맡겨 혜택을 폭넓게 받으려는 고객의 상품 구매 지혜이다.

퍼펙셔니스트 효과 극대화

보험상품을 판매할 때 가치를 판매해야 하는 이유는 고객에게 퍼펙셔니스트 효과(perfectionist effect)를 노리기 위해서이다. 퍼펙셔니스트 효과는 상품의 품질가치가 최우선적으로 구매 결정에 작용하는 소비효과를 말한다. 품질가치에는 상품 본연의 가치만이 아닌 판매하는 세일즈맨의 가치와 회사의 브랜드 가치까지 포함되어 있다.

고객이 보험컨설턴트에게 느끼는 중요한 가치는 세 가지 고유가치인 ① FC로서의 가치, ② 제안하는 보험상품의 가치, ③ 적을 둔 보험사의 브랜드가치에 대하여 느끼는 주관적 인식에 따라 결정된다(이를 '세일즈의 3value' 라 한다). 즉 고객에게 보험상품 품질과 FC로서의 가치를 동시에 제공하여 안심하게 하는 것이 퍼펙셔니스트 효과이다.

그러므로 상품의 가치뿐만 아니라 자신의 가치도 한층 올려 보험상품과 당신의 가치를 동일시하게 만드는 퍼펙셔니스트 효과를 불러오게 해야 한다. 상품을 팔면 하나의 이익이 남지만 가치를 팔면 연이어 고부가가치를 창출할 수 있다.

가치마케팅으로 고부가가치 영업

퍼펙셔니스트 효과를 표출하는 고객은 상품구매시 가격요소는 그다지 중요하게 생각하지 않는다. 최고의 품질을 지닌 상품을 구매하기 위해서라면 기꺼이 비싼 가격을 지불하는 것에 저항감이 별로 없다.

그보다는 자신이 느낀 품질과 가치 등 개인적 주관이 더 중요한 구매 요인으로 작용하므로 '세일즈의 3value'가 완전히 이루어져야 퍼펙셔니스트 효과를 극대화해 계약을 이끌어낼 수 있다. 이것이 가치마케팅(value marketing)이다.

가치마케팅을 하면 고객은 FC를 통해 한층 양질의 보험상품에 가입하여 만족과 가치를 느끼고, FC는 그런 고객에게 더 좋은 보험서비스와 재무클리닉을 하기 위해 부단하게 노력하므로 저절로 프로로서의 진면목을 보여주게 된다.

가치마케팅을 하면 고부가가치 상품을 적기에 많이 판매할 수 있다. 고객은 자신의 가치 증진을 원하기 때문에 그에 맞는 컨설팅을 하면 저절로 고부가가치 상품을 판매할 수 있기 때문이다.

♣ 톱 에이전트가 전하는 성공 노하우

자기 가치는 타인이 결정하는 것이 아니라 스스로 찾는 것이다. 시간당 500달러를 받는 변호사가 있는데 당신은 왜 그렇게 안 되는가? 돈의 액수를 말하는 게 아니다. 회사의 시스템 운영에 필요한 수입은 당신을 통해 들어온다. 그리고 직원들은 이 시스템을 통해 돈을 받아간다. 자신의 가치에 믿음을 가져라. 그런 믿음으로 고객을 대하면 성과는 두 배가 될 것이다. 아니 열 배, 백 배가 될 수도 있다.

— 토니 고든(Tony Gordon)

가치마케팅을 하기 위한
Coaching Key Point 5Tips

01 '세일즈의 3value'가 영글어야 퍼펙셔니스트 효과가 극대화된다.

세일즈의 첫 번째 요소는 가치의 올바른 창출과 전파이다. 가치 있게 행동해야 가치가 더욱 돋보인다는 사실을 영업 아젠다로 삼는다.

02 스스로 세일즈맨이 아닌 사업가로 생각하면서 영업에 임한다.

보험의 가치는 물건을 팔아 이익을 남기는 것이 아니라 사람을 남기는 것임을 인식한다.

03 재정안정플랜의 우수성을 입증시켜 고객을 안심시킨다.

제안하는 보험플랜이 고객에게 최고의 인생재테크 플랜임을 시뮬레이션으로 입증하여 안심효과를 불러일으킨다.

04 자신을 돋보이게 하려는 자세를 자연스럽게 피력한다.

고객은 상품의 가치와 세일즈맨의 가치를 비교 · 판단하고 구매함을 명심해야 한다. 특히 다른 세일즈맨을 벤치마킹하고 자신의 세일즈 경험을 반추하면서 선험적 인지도를 향상한다.

05 평상시 'KASH법칙'을 생활화하여 자신의 가치를 제고한다.

특히 컨설팅할 때는 특이혜증기법을 펼쳐 분위기를 주도한다. 즉 고객의 컨셉에 맞게 고객의 이익을 토대로 보험의 특징(feature)과 장점(advantage), 가입할 경우 이익이나 혜택(benefit) 그리고 이익이나 혜택이 나올 확실한 증거(evidence) 등을 세일즈 프로세스에 맞춰 유효적절하게 제시하는 훈련을 지속적으로 실시한다.

[김동범의 아름다운 보험인생 편지]

당신을 존경합니다. 그리고 사랑합니다

당신도 꿈 많은 소녀였습니다. 당신은 마음의 서랍에 꿈을 소중히 담았습니다. 신데렐라가 되어 백마 탄 왕자를 만나고 싶었습니다. 그 꿈을 이루려고 별을 보며 소원도 빌어보았습니다.

그런데 거울 앞에서 당신 모습을 보고 신데렐라가 아닌 보험컨설턴트임을 깨달았습니다. 잠깐 망설였지만 당신은 입가에 미소를 띠었습니다.

웃는 모습에 고객의 차가움이 녹았습니다. 웃음의 가치가 빛을 발해 고객은 행복의 씨앗을 심기 시작했습니다. 당신의 진정성 덕분에 가족 참사랑이 무언지 깨달았습니다.

사람들은 당신을 사랑의 웃음꽃을 전하는 행복천사라고 부릅니다. 가정을 지키는 수호천사라고 부릅니다. 고객 인생의 행복지킴이라고 부릅니다. 당신에게는 언제나 아름다운 수식어가 따라다닙니다.

당신도 사람인 이상 힘들 때가 있을 겁니다. 삶에 지칠 때도 있을 겁니다. 영업하다 보면 왠지 모를 고객의 차가움에 가슴이 시릴 때도 있을 겁니다. 월말 마감 때가 되면 괜스레 긴장되고 업적이 모자랄 때면 스트레스로 열병에 걸린 적도 있을 겁니다.

소중한 이여!
하지만 당신은 꿋꿋하게 견뎌내며 희망을 품고 오늘도 바람 부는 세상으로 나가 고객의 인생재테크 파이가 더 커지게 하려고 혼신을 다합니다. 당신의 마음 씀씀이가 하늘에 닿아 태양처럼 찬란한 빛이 당신에게 흠뻑 쏟아지길 기대합니다.

소중한 이여!
당신을 존경합니다. 그리고 사랑합니다.

Part 4
고단수 심리마케팅 기법

● **보험세일즈 성공 명언**

상대방을 자기주장대로 평가하지 마라. 상대방의 처지가 되어 생각하면서 그들의 장점을 발견하여 아낌없이 칭찬해줘라.

– 클레멘트 스톤(W. Clement Stone)

고객을 저절로 불러들이는 밴드왜건 마케팅

> 나는 비즈니스에서 다른 사람보다 뛰어나다고 생각하지 않는다.
> 다른 것이 있다면 다른 사람보다
> 더 열심히 성공하는 방법을 배우려고 노력했을 뿐이다.
> – 시드니 프리드먼(Sidney Friedman)

누구나 친구 따라 강남 가고픈 심리가 있다

'♪따따따 따따따 주먹손으로♬ 따따따 따따따 나팔 붑니다♪ 우리들은 어린 음악대♪ 동네 안에 제일가지요♬'

우리가 어렸을 때 불렀던 동요 '어린 음악대'의 가사다. 어린 시절 주먹손을 입에 대고 이 노래 부르면서 친구들과 마을을 누비던 기억이 아직도 생생하다. 이 노래를 부르면 아이들이 무엇에 이끌리듯 꼬리에 꼬리를 물고 따라다녔다.

실제로 사람들은 대화하면서 시중에 떠돌거나 또는 자신이 호기심 있는 사물들은 좋은 이야깃거리로 생각해 장황설을 늘어놓는 경우가 많다.

특히 신뢰하는 지인들이 구매한 상품을 자랑하면서 상품의 효용가치를 언급하면 상대방은 솔깃해한다. 그리고 거부감 없이 상대방의 말을 받아들이면서 적극 동조하려는 심리적 경향을 보인다.

적기에 동조행위를 이끌어낸다

놀이에 참여한 아이들이 마냥 즐거워하는 모습을 보고 다른 아이들도 충동적으로 '함께 놀고 싶다'는 반응을 보이면서 따라 놀 듯 고객들 또한 다른 고객이 구매한 상품을 좋다고 자랑하면 자신도 그것을 구매하고 싶은 심리적 현상을 보인다.

이와 같이 의사결정과정에서 자신과 비슷한 처지에 있다거나 또는 많은 사람들이 선택하는 것을 그대로 따라 하는 심리적 현상을 동조행위(Conformity Action)라 한다.

동조행위는 의사표시를 주관적·능동적으로 하는 것이 아니라 타인의 선택을 추종해 자신도 똑같은 결정을 내리는 수동적 행위를 말한다. 특별히 살 물건도 없으면서 남들을 따라갔다가 당장 필요하지도 않은 물건을 사는 행위로, "남이 장에 가니까 나도 장에 간다"라는 속담은 동조행위를 잘 대변한다.

행렬의 맨 앞에서 대열을 선도하고 분위기를 띄우는 악대차(樂隊車) 같이 남이 하는 행동을 호기심을 갖고 따라 하게 만들어(동조행위를 불러 일으켜) 더욱 바람직한 방향으로 결과를 도출하는 심리적 전술을 밴드왜건효과(Band Wagon Effect) 또는 편승효과라고 한다.

사람은 누구나 자신의 처지와 비슷한 사람을 신뢰하고 닮아가는 경향이 있는데, 이런 동조현상을 이용한 마케팅이 밴드왜건 마케팅이다.

신뢰하는 사람의 말을 듣거나 또는 유행에 따라 상품을 구매하는 고객의 심리(동조행위)를 활용한 밴드왜건 마케팅을 보험세일즈에 접목해 한층 쉽게 클로징에 이르게 하는 전략이 필요하다.

동조행위가 목표와 수단을 모두 가진 경우에는 밴드왜건효과를 불러일으켜 보험컨설턴트가 제안하는 플랜(행위)에 고객은 전적으로 공감하면서 따라오게 된다.

구매심리를 자극하라

밴드왜건현상(동조행위)을 나타내는 고객들의 상품 구매심리를 이용

하면 얼마든지 쉽게 계약체결의 관문에 이르면서 동시에 판매량을 늘릴 수 있다. 예를 들어 보험컨설팅을 할 때 이렇게 말하는 것이 동조행위를 유도하는 밴드왜건 마케팅 방법이다.

"① 이 상품의 효용을 아는 분들은 절대 마다하지 않고 가입하십니다. ② 혹시 ○○님 아시죠? 그분도 이 상품에 가입했습니다(이 경우에 권유하는 고객과 안면이 있으면서도 경쟁의식을 불러일으킬 수 있는 지인을 언급한다). ③ 요즈음 고객들에게 가장 많이 사랑받는 상품이 바로 이 ○○상품입니다. ④ ○○의 달, 소중한(사랑하는) 가족에게 가장 적합한 보험상품이 바로 이 ○○입니다. 이 보험은 그래서 이번 달에 가장 많이 팔리고 있답니다. ⑤ 저도 이 상품이 출시되자마자 마음에 들어 가입했습니다."

위와 같은 화법을 활용하면서 특이혜증기법 어필이 필요하다.

이와 같이 고객의 동조심리를 활용하여 화법을 감칠맛 나게 만들어 고객이 당신의 말에 편승(밴드왜건현상)해 보험에 가입(밴드왜건효과 발생)하게 만드는 방법은 고객을 자연스럽게 내 편으로 만드는 바람직한 심리마케팅 기술이다.

단, 주의할 것은 고객이 동조행위를 보이는 일은 세일즈맨이 제시하는 자료나 말에 공감하거나 부족한 정보를 세일즈맨에게 새로 얻었을 경우 그리고 대다수가 옳다고 인정하는 것에 자신도 그 틀에 들어가고 싶을 경우 주로 발생한다.

따라서 이때 제공하는 정보가 확실해야 한다. 나중에 조금이라도 다른 사실이 드러나면 신뢰도에 치명상을 입는다. 고객이 당신을 완전히 신뢰하게 하여 나중에도 당신이 제공하는 말이나 자료를 확신하게 진실한 모습을 보여야 한다.

밴드왜건 마케팅을 효율적으로 전개하기 위한
Compliance Action Planning 5Tips

01 고객의 동조행위를 최고로 유발할 요인을 모색한다.
사람은 누구나 자신의 처지와 비슷한 사람을 신뢰하고 닮으려는 경향이 있으므로 예시하는 사람이 고객과 비슷한 점이 많을수록 메시지의 설득력이 높아진다. 유유상종의 원리를 새기면서 고객과 가장 비슷한 사람을 예시하여 설명한다.

02 동조행위를 밴드왜건 마케팅에 접목하는 기술을 연마한다.
고객이 무언가 확신하지 못해 최종 사인을 망설이거나 거절할 때는 고객이 스스로 결정짓기 곤란한 심리를 이용하여 동조행위를 이끌어 구매하게 밴드왜건 마케팅전략을 정략적으로 활용한다.

03 최근의 보험트렌드와 고객의 구매 패턴을 정확히 알려준다.
최근 어떤 상품이 인기 있고 어느 고객층이 좋아하는지 관련 자료를 보여주면서 친구 따라 강남 가는 고객심리를 역이용한다. 현재 사람들이 가장 많이 활용하는 최고(최적) 상품임을 강조하면서 심리적 안정감을 심어준다.

04 평소 고객이 어떠한 취향인지 유심히 살핀다.
이 경우에는 고객의 인생 3L에 맞춰 컨셉컨설팅을 해야 동조심리를 불러일으킬 수 있다. 고객 컨셉에 맞는 화제가 이어지면 아이스브레이킹이 저절로 이루어져 고객과 자연스럽게 공감대를 형성하는 윤활유가 된다.

05 고객이 적극 동조행위를 보이도록 맞춤컨설팅을 한다.

고객이 동조행위를 보이는 것은 세일즈맨이 제시하는 자료나 말에 공감하거나 자신에게 부족한 정보를 세일즈맨에게 새로 얻었을 경우 그리고 대다수가 옳다고 인정하는 것에 자신도 그 틀에 들어가고 싶을 경우 주로 발생한다. 따라서 이때에는 제공하는 정보가 확실해야 한다. 나중에 조금이라도 다른 것이 밝혀지면 신뢰도에 치명상을 입는다. 고객이 당신을 완전히 신뢰할 수 있게 하여 차후에도 당신이 제공하는 말이나 자료를 확신하게 진실한 모습을 보여야 한다.

고객을 빨아들이는 스토리텔링 마케팅

맛깔스럽게 전개하는 구수한 이야기보다 사람을 빠져들게 하는 마력은 없다.
— 윈스턴 처칠(Winston Leonard Spencer Churchill)

사람들은 이야기꾼을 좋아한다

어린 시절 어머니 무릎을 베고 누워 옛이야기를 들을 때면 그 재미에 푹 빠져 시간가는 줄 몰랐다. 구연동화 같은 이야기를 좋아하는 것은 어른들도 마찬가지다. 아기자기한 줄거리가 있는 이야기를 좋아하는 건 감성에 빠져들고 싶어 하는 사람의 본성이라고도 할 수 있다.

영화나 드라마는 대본이 중요하듯 대화에서도 말과 몸짓으로 표현함으로써 의미를 더욱 빠르고 쉽게 전달해주는 엔터테인먼트 요소가 날이 갈수록 중시된다.

스토리텔링(storytelling)은 스토리(story)+텔링(telling)의 합성어로, 상대방에게 알리고자 하는 바를 음성(voice)과 행위(gesture)로 설득력 있게 전달하는 것을 말한다.

따라서 스토리텔링은 단어가 의미하듯 ① 이야기성(story), ② 현재성 또는 현장성(tell), ③ 상호작용성(ing)이 작용하는 동시에 유연성(flexibility), 보편성(universality)까지 상존하기 때문에 이야기를 적절히 가공하여 호기심을 자극하므로 상대방에게 효과적으로 어필된다.

재미있는 이야기로 만드는 스토리텔링 마케팅

덴마크의 미래학자 롤프 옌센(Rolf Jensen)이 "정보화시대가 지나면 고객에게 꿈과 감성을 제공하는 것이 차별화의 핵심이 되는 드림 소사이어티(Dream Society)가 도래할 것이다. 따라서 상품에 스토리를 담아야 한다"라고 말했듯이 인스턴트화되는 세상일수록 다양한 정보와 재미있는 이야기로 고객의 메마른 마음을 달래면서 차별화된 요소를 전달하는 세일즈 기술이 필요하다.

상품 자체를 강조하기보다 상품을 둘러싼 이야기를 들려줌으로써 상품 호감도를 높이고, 고객이 오래 기억하게 하는 감성마케팅기법을 사용해야 한다. 즉 보험상품 자체의 효용성과 가치만 판매하는 것이 아니라 상품에 얽힌 이야기를 효과적으로 가공하여 고객의 구매욕구를 자극하는 커뮤니케이션 세일즈를 해야 한다. 상품의 특징과 가치에 이야기를 덧붙여 고객의 흥미를 유도하면 고객은 관심을 더 갖게 되는데 이를 스토리텔링 마케팅(Storytelling Marketing)이라 한다.

스토리텔링 마케팅은 고객의 감성에 호소하는 가장 효과적인 세일즈 방법으로 딱딱하고 상업적인 컨설팅이 아닌 인간친화적 세일즈 방법이다. 감성적 의사소통방식인 스토리텔링을 활용하여 고객이 상품에 담긴 비하인드 스토리를 즐기고 가치를 공유하게 하여 구매를 이끄는 기술이다. 즉 상품의 기능을 객관적으로 설명하면서 소개하거나 구매하게 하는 것이 아니라 상품에 담긴 의미와 가치 또는 개인적인 이야기를 주관적이고 감성적인 이야기로 꾸며 고객의 감성을 자극하고 흥미를 불러일으키는 마케팅기법이다.

고객의 감성과 이성을 동시에 공략하라

상품과 관련된 사실적 이야기를 전달하는 것은 가장 효과적인 마케팅 수단이다. 상품 속성이나 이미지를 토대로 한 상업성을 드러내지 않으면서 고객에게 주목받고 호감을 얻으려면 상품이 표방하는 이야기로 감성과 의미에 호소하는 스토리텔링 마케팅이 적합하다.

특히 요즘 보험고객들의 트렌드는 상품보다 상품이 주는 가치에 더 민감하므로 이를 적극 활용하여 고객이 마음을 열게 한다.

당신 이야기에 흠뻑 빠지게 만든다

스토리텔링 마케팅의 1차적 목적은 맛깔스러운 이야기로 고객의 관심을 유발하는 것이다. 예를 들면 다음과 같다.

"○○님! 혹시 윗동네 네거리 슈퍼마켓 김 사장께서 변을 당하신 것 아세요?(그러면 금시초문이라며 반문할 것이다.) 바로 어젯밤이라고 하네요. 저기 ○○교차로 ○○지점 커브길에서 마주 오던 차와 정면충돌해서 그만 돌아가셨다고 하네요. 정말 허무하기 짝이 없네요. 자녀도 둘이나 있다던데…(사고나 질병 등과 관련하여 상대방이 반드시 관심 있게 들을 만한 화제를 찾아 전개해야 한다. 고객의 주변 사람들 또는 고객이 선호하는 사례와 유명인의 이야기를 들려주면 효과적이다. 그래야 고객이 흥미를 느껴 귀를 기울인다.) 그래도 그분은 가족을 위해 큰 일을 하셨더군요. 가족을 사랑하는 분들은 어디가 달라도 다릅니다."(고객에게 이런 위급상황이 발생하면 어떻게 대처할지 궁금증과 의문을 유발시켜 문제를 제기한다.)

이처럼 고객의 문제점과 발생할 개연성이 있는 사안에 대해 고객이 심각성을 인식하게 하고, 허심탄회하게 문제를 제기하면서 보험상품에 공감대를 형성하며, 니즈를 환기하여 구매 욕구를 불러일으킨다.

스토리텔링 마케팅은 화자가 아니라 청자 입장에서 소재를 찾아 고객이 당신 이야기에 흠뻑 빠지고 동화될 수 있게 유도할 이야기보따리를 활용해야 효과가 극대화된다. 특히 고객이 경계를 풀고 호기심을 가질 수 있게 이야기하면서 동조행위를 이끄는 아이스브레이킹 기술이 필요하다.

스토리텔링 마케팅을 제대로 펼치려면 다양한 고객을 만나 풍부한 이야깃거리를 감칠맛 나게 각색해서 들려주어 상품 가치와 의미를 공유하게 하는 센스가 필요하다.

♣ 톱 에이전트가 전하는 성공 노하우

당신 생각에 고객은 이러이러해야 한다고 전제하지 마라. 당신의 역할은 고객에게 그들이 원하는 바를 이룩하게 돕는 일이지 당신 생각에 그들이 이룩해야 한다고 전제한 것을 강요하는 것이 아니다.

– 노만 레빈(Norman Levine)

스토리텔링 마케팅을 효율적으로 전개하기 위한 Compliance Action Planning 5Tips

01 삶에 도움이 되는 이야기보따리를 펼칠 만큼 평소에 소재를 발굴하고 가공한다.
고객의 구매 욕구를 자극하는 것은 해박한 지식이나 논리적 설득보다 감성 바이러스가 담긴 이야기이다. 브랜드보다 고유한 이야기를 팔아야 더 어필됨을 인식하고 제안하려는 상품의 전반적인 내용을 이야기로 꾸민다.

02 제안하는 보험상품의 특성이나 내용과 관련된 이야기를 수집한다.
고객과 상담할 때 일방적으로 말하기보다 쌍방향 커뮤니케이션임을 인식하여 청자인 고객 입장에 서서 대화한다. 고객과 대화할 때 활용할 스토리텔링 소재는 현장에서 찾는다. 회사, 점포, 기존 고객과 대화, 매스컴, 인터넷 등에서 관련성 있는 자료를 찾아 적절하게 가공하여 다음 컨설팅에서 분위기에 어울리게 활용한다.

03 문제를 제기하며 설득하고 해결방안을 모색한다.
고객이 안고 있는 문제를 해결하기 위한 최적안을 간접적으로 일깨운다. 실제사례와 통계자료를 보여주면서 새삼 교통사고에 불안감을 느끼게 하여 고객의 긍정적인 대답을 유도한다.

04 자신의 경험담을 가감 없이 들려주며 고객과 살가운 대화를 나눈다.
상품 경험담 홍보는 사실만 전달하는 스토리텔링 마케팅의 대표적 예이다. 매장에서 옷을 직접 입고 제품을 자랑하면 고객이 더 잘 이해하고 판단하듯 자신이 직접 가입한 경험담은 상품의 우수성을 사실적으로 표현하는 강한 모티프가 된다.

05 행복한 가정의 모습을 만들어낸다.
보험에 들면 어떤 다양한 혜택이 정말 구세주 구실을 하는지 들려줌과 동시에 정반대 스토리텔링을 전개하여 보험에 들지 않으면 어떤 상황에 처하는지 사례를 들어 설명한다. 특히 과학영화 〈백 투 더 퓨쳐(Back to the Future)〉같이 미래로 가서 자신의 모습을 객관적으로 바라보게 만든다. 이렇게 해서 보험에 들면 한층 행복한 가정이 이루어짐을 피부에 와닿게 한다.

모방심리를 이용한 피그말리온 마케팅

> 모방은 누구나 할 수 있지만 남보다 먼저 개혁하는 것은 아무나 할 수 없다.
> – 콜럼버스(Christopher Columbus)

자기보다 나은 사람을 닮으려는 모방심리

학창시절 나다니엘 호손(Nathaniel Hawthorne)의 소설《큰 바위 얼굴》을 감명 깊게 읽었다. 한 시골 마을의 가난한 농부의 아들로 태어난 어니스트는 '마을 앞산에 있는 큰 바위 얼굴을 닮은 사람이 나타날 것'이라는 전설을 되새기면서 나중에는 스스로 큰 바위 얼굴이 되어 온 마을 사람들의 추앙을 받는다는 이야기이다. 미래에 희망을 안고 살아가는 모든 이에게 큰 바위 얼굴은 큰 교훈을 준다.

이렇듯 사람들은 무언가를 동경하면서 꿈을 안고 살아간다. 또 좋은 것을 보면 내 것으로 만들고 싶고 자기보다 나은 사람을 닮고 싶은 판타스티시즘(fantasticism)에 끌린다. 누구나 스타를 닮고 싶어 한다. 위대한 성인이나 위인들처럼 되고 싶은 동화작용(anabolism)을 한다.

이와 같이 자신도 모르는 사이에 자기보다 더 나은 사람을 닮으려는 성향을 나타내는데, 이를 동조현상의 발로로 인한 모방심리(imitative psychology)라고 한다. 이러한 잠재적 또는 의도적 행위를 모방적 동조행위라고 한다.

다른 사람의 모방심리를 활용하면 자신이 의도하는 방향으로 쉽게 이끌어 한층 더 좋은 성과를 도출할 수 있다.

지금은 모방을 중시하는 시대

보험영업을 할 때 대부분 직접 상품제안을 하는데, 제3자를 통해 해당 보험상품의 효용성과 니즈를 환기시켜 한층 쉽게 가입을 유도하는 간접구매방법을 적극 활용해야 한다. 이것이 발품을 팔지 않고 머리품을 팔아 영업효과를 극대화하는 지름길이다.

특히 요즘은 개인의 라이프스타일 모방을 더욱 중시하는 경향이라서 고객들의 상품구매 형태에 본능적 모방욕구가 매우 강하게 나타난다. 따라서 직접 PR보다 간접 PR가 더 효과적일 수 있는데, 이 가운데 하나가 공신력 있는 고객인 이노베이터(innovator)를 끌어들여 고객의 군중심리와 모방심리를 유도해 구매하게 만드는 것이다.

이노베이터로 적합한 유행상품이나 유명스타를 은근슬쩍 내세워 상품의 기능성과 효용성을 강조하면 망설이던 고객들을 의외로 쉽게 구매의 문으로 들어오게 할 수 있다. 특히 유명인이 해당 상품의 얼리어댑터(early adopter)라면 금상첨화이다.

따라서 고객의 상품구매를 유도하려면 매스컴과 유명인을 적극적으로 활용하여 이들이 이노베이터 구실을 할 수 있게(이들이 직접적으로 하는 것이 아니라 세일즈맨이 고객을 유도하는 것이지만) 보험컨설팅을 펼쳐야 한다.

이는 해당 상품을 구매하여 유행의 첨단에 합류하고 또한 유명인같이 되고 싶다는 모방심리가 작용하기 때문이다. 무언가를 닮고 싶어 하는 심리적 동조현상(conformity situation)을 바른 방향으로 유도해 시너지를 창출하는 것을 심리학에서는 피그말리온효과(Pygmalion effect) 또는 자기충족적 예언효과라고 한다. 피그말리온효과를 하버드 대학 심리학 교수 로버트 로젠탈(Robert Rosenthal)이 실험으로 입증하여 로젠탈효과라고도 한다.

피그말리온효과를 이끌어내는 심리적 세일즈 기법을 피그말리온 마케팅이라고 한다. 사람은 누구나 이러한 심리가 있고 더욱 개선된 삶을 영위하기 위해 피그말리온효과를 누리려 하므로 이를 세일즈 전략에 활용하면 효과적이다.

모방심리를 유도하라

사람들은 대화할 때 반론을 제기하다가도 객관적 사실이나 유행 또는 선호하는 유명인을 내세우면 말꼬리를 슬며시 내리는 경우가 많다. 그것은 누구나 인정한다고(믿고 있다고) 지레 짐작하여 자신도 그를 믿어야 한다는 심리적 요인(동조화현상)이 작용하기 때문이다. 그것이 상품구매와 연결된 사안이면 곧바로 모방심리로 이어져 구매 욕구를 불러일으킨다.

따라서 고객의 심리를 파악하여 피그말리온효과에 따른 구매로 연결되게 하는 심리마케팅 전략은 중요하다. 유행에 민감한 군중심리를 이용하여 상품을 구매하도록 자극함으로써 상품구매로 피그말리온효과를 맛보게 하는 고난도의 심리마케팅 전술이 필요하다.

특히 고객이 좋아하는 매스컴 또는 인지도 높은 유명인이나 연예인과 세일즈맨이 취급하거나 권유하는 상품이 관련 있다면 호재로 작용

하여 프레젠테이션을 자연스럽게 펼칠 수 있다.

고객은 스타 이미지와 상품 이미지를 동질화해 모방하려는 동조적 심리현상을 보여 구매 욕구를 자극받는다. 이렇게 보면 스타마케팅은 모방심리를 유도해 피그말리온효과를 극대화하는 강력한 세일즈 무기가 될 수 있다.

예를 들면 보험컨설팅에서 다음과 같은 화법으로 고객의 모방심리를 자극하는 것이 피그말리온 마케팅 기법이다.

"유명한 ○○○가 이 상품의 ○○만 원짜리에 가입했습니다."

"○○○님같이 부유층 분들은 적어도 ○○만 원 이상은 거의 다 가입하십니다."

"이 상품은 앞으로 중요하게 부각될 트렌드에 맞춘 상품입니다."

"○○○(유명인 명시)같이 가정적인 분위기인 ○○○님에게 추천하고 싶은 상품이 바로 ○○입니다."

"○○○ 아시죠? 그분도 이 상품에 가입했습니다."

이 경우 고객의 라이프스타일을 간파하고 어떤 취향인지 파악하는 것은 기본임을 유념해야 한다. 그래야 고객의 모방심리를 자극하여 피그말리온효과를 불러와 구매 욕구를 앞당겨 클로징에 이르게 할 수 있다.

요즈음 소비는 자신의 라이프스타일보다 모방심리에 따라 이루어지는 경향이 매우 짙으므로 이를 세일즈에 접목하여 상품구매로 이끄는 피그말리온 마케팅 기법을 적극 활용해보자.

피그말리온 마케팅 기법을 활용하면 또 하나의 세일즈 도우미인 이노베이터를 활용하므로 좀 더 자연스럽게 고객과 대화의 물꼬를 트고 안심효과를 심어줘 클로징으로 쉽게 이를 수 있다.

피그말리온 마케팅을 효율적으로 전개하기 위한 Compliance Action Planning 5Tips

01 모방심리를 세일즈에 접목하는 기술을 연마한다.

지금은 소비에서 개인의 라이프스타일보다 모방을 더 중시하는 시대이다. 그만큼 유행에 민감하므로 상담할 때는 고객의 모방적 구매심리를 유효적절하게 활용하여 피그말리온효과를 부르는 스타마케팅을 펼친다. 고객이 무언가를 닮고 싶은 모방심리와 유행에 민감한 군중심리를 이끌어내려면 고객이 피그말리온효과를 맛보게 하는 심리적 세일즈 기술이 필요하다.

02 유명인을 닮고 싶어 하는 동조심리를 적극 활용한다.

사람들은 자기보다 나은 사람의 모습을 닮아 동조화 현상을 나타내려는 모방심리가 강하다. 그러므로 제안하는 상품에 간접구매 효과를 불러일으킬 수 있게 고객의 취향을 분석하고 선호하는 이노베이터를 끌어들여 피그말리온효과를 노린다.

03 어떻게 하면 고객에게 플라시보효과를 맛보게 할지 모색한다.

동조심리와 모방심리 유도는 고객의 취향에 따라 좌우되고 결정되므로 고객 성향 파악이 올바르게 선행돼야 클로징으로 이끌 수 있음을 직시한다.

04 대화할 때 고객이 좋아하는 유명인을 대면서 그보다 낫다고 치켜세운다.

고객의 분위기가 ○○○와 비슷하다거나 더 멋지게 보인다고 은근슬쩍 치켜세운다.

이때 반드시 이미지가 비슷하면서 호감 있는 모델을 선정한다. 그러면 고객은 곧바로 반응한다. 칭찬에 인색한 고객은 없다. 고객은 평소 좋아하는 유명인을 닮고 싶고 또 자신의 이미지가 그와 비슷하다는 세일즈맨의 아부성(?) 칭찬에 솔깃해져 상품구매라는 문으로 저절로 들어오게 된다.

05 상품구매로 더욱 향상된 생활을 할 수 있음을 시뮬레이션해준다.
다양한 자료를 제시하여 가장 좋은 신규상품임을 알리면서 가입한다면 한층 더 개선된 삶을 살 수 있다는 안심효과를 불러일으킨다. 최근의 보험 트렌드를 강조하면서 다른 사람들이 산 물건을 자신도 갖고 싶어 하는 심리를 이용해 팔로워(follower)가 되게 한다. 이때 반드시 고객에게 상품 구매에 따른 이점과 부대효과를 자세히 알려준다.

군중심리를 이용한 PPL 마케팅

> 깊이 이해하지 않고 단순하게 행동하는 것이 군중의 행동이다.
> – 맹자(孟子)

고객은 매스컴에 등장하는 상품에 민감하다

"어제 텔레비전에 나온 ○○○가 입은 옷 정말 예쁘더라. 나도 내일 그 옷 사러 가야지."

"요새 ○○○가 선전하는 기능성 화장품이 참 좋다던데 이참에 나도 한번 써볼까?"

"요즘 연금보험이 인기라는데 우리도 노(老)테크를 위해 가입할까?"

사람들과 이야기하다 보면 이처럼 매스컴에서 본 상품에 관한 내용 자연스럽게 나온다. 그러면 너도나도 솔깃해 하면서 '이왕이면 나도 그 상품을 구매해야지!' 하고 생각한다.

  자신도 모르는 사이에 빠져들어 구매욕구가 발산되는데 이를 군중심리(crowd mind)라고 한다. 군중심리는 사람이 많이 모였을 때 마음의 동화작용을 일으켜 개개인의 평상적 심리를 초월하여 자기 이상의 행동을 유발하게 되는 심리상태를 말한다. 군중심리를 대중심리라고도 하는데 이를 세일즈전략과 접목하여 보험상품을 판매할 때 적용하면 안성맞춤이다.

  군중심리는 고객의 의도와 상관없이 본능적으로 구매심리의 미궁으로 빠져들게 만들어 'OK' 사인을 끌어내는 클로징 기법으로 적합하다. 고객설득의 관건은 어떻게 하면 빠른 시일 안에 최고의 가격으로 구매를 유도하여 클로징에 이르게 하느냐이므로, 동조행위를 유발하면서 군중심리를 적절하게 활용하면 판매에 기폭제 역할을 할 수 있다.

군중심리를 유효적절하게 활용한 PPL마케팅

  현대를 일컬어 미디어(media)시대, 마니아(mania)시대, 포퓰리즘(populism)시대라고 한다. 그래서 사람들의 행동양태와 소비성향에서 대중인기에 영합하는 사고가 두드러진다.

미디어에 자주 오르내리는 상품과 정보에는 고객들이 호의적으로 민감하게 반응(동조현상)하면서 상품을 구매하려는 경향이 갈수록 강하게 나타난다.

매스컴에 등장하는 인물들이 갖고 있는 상품이나 드라마나 영화에 나오는 상품을 소유하여 그들의 생활상을 닮아가려는 욕심과 동조의식이 싹터 자기도 모르는 사이에 구매에 나서게 된다.

그래서 텔레비전이나 신문, 인터넷, 공공장소의 POP(point of purchase) 등에서 회자되는 상품은 질과 양을 떠나 인기리에 판매되는 것이 사회현상이 되었다.

이렇게 다중화된 문화로 흐르는 것은 현대사회에서 개인의 독창적이고 주관적인 판단보다 트렌드에 따른 행동과 의사결정이 많아졌음을 의미한다. 이는 고객들의 주관적 판단 능력이 매스컴으로 말미암아 점점 흐려짐을 의미하는데, 이를 보험세일즈에 접목하는 전략적 마케팅기술이 필요하다.

이와 같이 매스컴에 민감하게 반응하는 고객들을 겨냥해 특정 상품을 노출시켜 간접광고 효과를 노리는 심리세일즈를 PPL(products in placement)마케팅이라고 한다. PPL마케팅은 기업체뿐만 아니라 개인 차원에서도 매우 효과적인 간접구매 유도방식이다.

유명인의 보험어록과 PPL마케팅 융합

한 명의 고객을 움직여 '10'을 창출할 수 있다면 군중심리를 이용한 PPL마케팅을 전개할 경우 시너지 효과 덕분에 '100' 이상의 효과를 볼 수도 있다. 요즈음 모든 보험사가 PPL광고와 일반 광고를 실시한다.

이를 보험컨설팅의 소재로 활용하여 고객의 동조행위를 유발한 다음 군중심리에 접목하면 손쉽게 고객의 니즈를 환기하여 계약을 이끌어낼 수 있다. 이때에는 광고와 관련된 유명인의 보험어록을 대화 소재로 사용해야 더 효과적이다. 예를 들면 다음과 같다.

"○○○님! 요새 텔레비전(또는 신문)에서 광고하는 거 보셨어요? 가족 사랑 관련 캠페인요. 거기에 나오는 것이 바로 이 상품입니다."

"며칠 전 매스컴에 나왔는데 노후에 자녀가 부양해줄 것을 기대하는 사람은 10명 중 1명뿐이래요. 노후는 스스로 책임져야 하는 자기책임 시대랍니다. 더 늦기 전에 연금보험은 꼭 가입하셔야 합니다."

"교통사고가 날로 증가한다는데, 이 보험은 요새 텔레비전(또는 신문)에서 선전하듯 가장 확실한 종합보장보험입니다."

"○○○님! 요즈음 화두가 가정행복인 거 아시죠? 행복은 마음 안정에서 비롯된다는데 그 시발점은 루스벨트 대통령도 말했듯 가정의 재정적 안정에 있습니다."

"○○○님! 영국의 엘리자베스 여왕도 말했듯 보험은 가정의 필수품입니다. 그 필수품, 제가 책임지고 좋은 상품으로 추천할게요."

이와 같은 화법을 펼칠 때 자사광고만 강조해서는 안 된다. 유명인의 보험어록을 양념으로 언급하여 대화의 물꼬를 튼 다음 관련 정보를 정확히 제시해 고객이 완전히 신뢰하게 만들어야 한다. 그래야 고객이 더욱 동조현상에 따른 군중심리를 보여 구매의 관문으로 들어온다.

어떤 상품을 개발하여 판매하든 간에 광고는 필수적 마케팅 요소이므로, 광고에 따른 부수적 효과를 세일즈에 접목하는 전략과 기술은 매우 중요하다. 특히 자사의 광고카피는 대화의 좋은 소재이다. 프로는 이러한 광고효과에 따른 고객의 심리를 고도의 세일즈전략으로 역이용하는 마케팅 전술가이다.

지금 당장 자신이 취급하는 상품을 회사는 어디에 광고했고 방송했는지 살펴보자. 그리고 이를 정리해 내일부터 만날 고객에게 어떠한 밴드왜건 마케팅 화법을 전개할지 구상한 후 맛깔스럽게 운용해보자.

♣ 톱 에이전트가 전하는 성공 노하우
에이전트가 고객의 느낌을 파악하는 시간이 빠를수록, 고객의 문제에 정확하게 대처할수록 그러한 문제의 정도는 줄어들며 아울러 고객 관계를 강화할 기회가 더 많아진다.
- 잭 토머스(Jack Thomas)

PPL마케팅을 효율적으로 전개하기 위한
Compliance Action Planning 5Tips

01 매스컴에 민감하게 반응하는 군중심리를 세일즈에 접목한다.
고객은 매스컴에 민감하게 반응하면서 구매 욕구를 갖는다. 텔레비전, 신문, 인터넷, 잡지 등 대중매체의 영향으로 모방소비가 급속히 확산되므로 고객의 호기심(모방심리)을 자극하고 군중심리를 적절히 이끌어 클로징으로 한층 쉽게 다가서게 하는 PPL마케팅을 전략적으로 구사한다.

02 세계적으로 유명한 사람을 대화 소재로 삼는다.
고객이 신뢰할 수 있는 유명인들의 보험어록을 언급하여 주위를 환기한 다음, 상대방의 정보 부재와 재정안정의 노하우 및 인생재테크 심리 부재를 은근슬쩍 일깨우면서 제안하려는 보험상품의 효용성과 가치를 강조한다.

03 컨설팅에서 적극 활용할 자사 광고를 눈여겨본다.
사람들은 광고상품에 친숙하게 와닿는 이점으로 말미암아 대체로 긍정적 마인드를 갖고 있다. 따라서 자사 광고 가운데 어떤 광고가 고객의 간접구매 욕구를 불러일으키는 데 적합한지 눈여겨본다. 공신력 있는 고객인 이노베이터에 약한 사람들의 심리를 자극하여 자사 광고에 등장하는 모델이나 대상과 비슷한 타입 또는 이미지를 풍기는 특정 연령층을 공략한다.

04 자사의 광고 카피를 활용하여 고객의 마음을 사로잡는 설득 기술을 연마한다.

자사의 이미지 광고는 컨설팅에서 중요한 아이스브레이킹 구실을 하여 자연스럽게 대화를 전개할 수 있다. 특히 자사의 감칠맛 나는 광고카피는 아주 좋은 대화 소재이므로 이를 적절히 활용하는 센스와 기술이 필요하다. 사전에 화법을 가다듬고 롤플레잉을 통해 실전 화법으로 만들어 현장에서 유효적절하게 활용한다.

05 매스컴 자료는 최근 자료를 활용해야 효과적이다.

평상시 매스컴을 대할 때는 터치 툴을 만들어 프롬프트(prompt)로 활용 가능한지를 주시한다. 프롬프트를 어떻게 만들면 시각적 효과가 배가되는지 배우고 익혀 늘 활용한다. 신문기사를 활용할 때는 작위적으로 편집하지 말고 그대로 복사해 보여주는 것이 효과적이다. 고객이 주요 내용을 잘 파악할 수 있게 중요 부분에 밑줄을 쳐놓고, 프레젠테이션할 때는 펜으로 가리키면서 설명하는 것이 바람직하다.

협상전략을 이용하는
Door in the Face 기법

흥정이 결국 비용을 더 많이 지불하게 한다.
— 미국 속담

누구나 흥정하며 유리하게 협상하려 한다

어린 시절 엄마에게 사탕을 사달라고 조른 적이 있을 것이다. "엄마, 나 사탕 한 봉지 사주세요!" 그러면 엄마는 "안 돼, 사탕 많이 먹으면 이 썩어"라며 일단 거절한다.

그런데 어린이들은 무엇을 먹고 싶으면 끝까지 물고 늘어지는 습성이 있다. 그렇다고 무조건 사달라고 하면 안 될 것 같아 "그럼 다섯 개만 사주세요"라고 조른다. 엄마가 안 된다고 하면 "엄마, 그럼 딱 두 개만 사주세요" 한다. 그럼 엄마는 자식의 투정어린 집념(?)에 어쩔 수 없

이 사탕 몇 개를 사준다

위 얘기에 대부분 수긍할 텐데, 어린이의 본능적 심리를 세계적인 협상의 귀재들은 실전에서 모두 사용한다. 이들은 상대방과 협상할 때 처음에는 고의적으로 수준 높은 조건을 제시하여 상대가 일단 거절하게 만든다. 그리고 나서 새로운 대안을 계속 제시하면서 상대방의 마음이 움직이게 유도한다.

이를 심리학 용어로 Door in the Face Technique(머리부터 들여놓기 기법 또는 면전에서 문닫기 기법)이라고 한다. Door in the Face 기법은 어느 비즈니스 세계에서나 기본적으로 통하는, 상대방 심리를 활용한 고단수의 협상기술이다

깎는 맛을 느끼게 하는 Door in the Face 기법

사람은 누구나 제값을 주고 물건을 사면 손해를 본 것같이 여긴다. 그러나 조금이라도 값을 깎아 구매하면 비록 비싸도 이익을 본 것처럼 만족한다. 백화점의 바겐세일도 소비자의 이런 심리를 이용한 것이다. 따라서 소비자의 심리를 역이용할 줄 알아야 한다.

Door in the Face 기법의 원리를 세일즈에 유효적절하게 적용하면

자신이 의도한 방향으로 고객을 이끌어 더욱 쉽게 상품을 구매하게 유도할 수 있다. 즉 "사람들은 물건 값을 깎는 맛에 산다"라는 심리를 역이용하는 심리마케팅이다.

예를 들어 보험상품을 권유할 경우 고객의 경제사정을 훤히 알지만 그래도 무리라고 여길 만큼 당초 생각했던 보험가입금액(보험료)보다 높게 제안한다. 그러면 고객은 황당해하면서 당연히 거절할 것이다. 이때부터 본격적으로 컨설팅에 들어간다.

고객을 배려하는 마음을 느끼게 하면서 곤란한 척 약간 낮은 보험플랜을 제시한다. 그래도 고객은 부담된다는 듯 망설일 것이다. 그러면 마지노선이라 생각하여 재빨리 히든카드를 꺼내 "이 금액 이하는 절대로 안 됩니다"라고 오히려 큰 소리(?)를 치면서 제시한다.

특히 다음과 같은 화법을 진지하게 전개하여 고객을 감동시킨다. "○○○님! ○○○님께서 이 보험료 규모 이하로 가입하시면 ○○○님의 인생재테크를 제가 책임지고 완결시켜드릴 수 없습니다."

'나는 계약을 체결하려고 욕심을 부리는 것이 아니라 오로지 당신의 미래를 위해 이 금액을 제시하는 것' 이라는 인식을 확실하게 심어주는 것이다.

그러면 고객은 마지못해 그리고 고객을 위하는 보험컨설턴트에 마음이 움직여 '그렇다면…' 이라고 마음의 문을 열면서 긍정적으로 반응

할 것이다. 경우에 따라서는 어쩔 수 없이 당신의 심리 전술에 말려들어 클로징에 이른다(완전판매가 이루어져야 함은 기본이다).

이때 고객은 자신이 주도적으로 원하는 규모의 보험플랜을 했다고 여겨 만족감과 승리감을 느끼면서 최종안에 '사인' 할 것이다.

망설이는 고객에게는 역공법을 써보자

Door in the Face 기법은 한번 거절하면 반복하여 거절하지 못하는 사람들의 심리를 세일즈에 활용하는 마케팅전략이다. "두드려라. 그러면 열릴 것이다"라는 말에 딱 들어맞는 심리마케팅이 Door in the Face 기법인데, 세계적인 톱 세일즈맨들은 이 기법을 적극 활용하여 영업의 물꼬를 튼다.

Door in the Face 기법이 효과를 발휘하는 이유는 보험컨설턴트의 최종 제안이 맨 처음 제안보다 더 좋게 보이고 요구를 거절함으로써 고객 스스로 괜히 미안한 감정을 느끼는 경우가 많아 또다시 냉정하게 거절하기가 쉽지 않기 때문이다. 따라서 컨설팅할 때에는 정공법뿐만 아니라 고객의 거절 심리를 누그러뜨리면서 상대방도 배려하는 연역법적 역공법도 필요하다.

Door in the Face 기법을 펼칠 때 '나는 이 보험상품을 판매하려고 욕심 부리는 것이 아니라 오로지 당신을 위해 이러한 보장플랜을 제시하는 것'이라는 인식을 확실하게 심어줄 진정성 있는 화법이 중요하다.

따라서 이 기법을 활용할 때에는 고객의 신상과 재무상황을 어느 정도 파악하고 나서 접근상담을 해야 효과적이다. 그래야 고객을 감동시킬 수 있기 때문이다. Door in the Face 기법을 적극 활용하여 고객상담의 귀재가 되어보자.

> ♣ 톱 에이전트가 전하는 성공 노하우
>
> 나는 금맥 1m 앞에서 걸음을 멈추었다. 그러나 앞으로는 내가 고객을 찾아가 보험을 사라고 할 때 고객이 보험을 안 든다고 아무리 "안 사요", "아니요"를 연발해도 나는 결단코 물러서지 않으리라.
>
> — 달비(R. V. Darby)

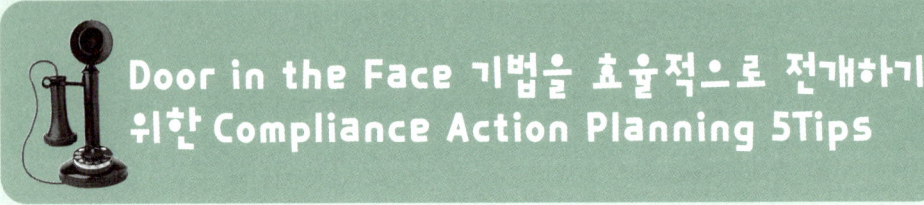

Door in the Face 기법을 효율적으로 전개하기 위한 Compliance Action Planning 5Tips

01 고객의 거절을 약화시켜 나아가는 Door in the Face 기법을 구사한다.
Door in the Face 기법은 큰 계약고를 말한 후 점점 작은 계약고를 제시하여 자신이 의도한 계약서에 사인하게 만드는 심리마케팅 전술이다. 이를 활용하면 거절한 고객에게 미안한 마음이 들게 하여 더욱 쉽게 OK 사인을 받을 수 있다.

02 고객이 세일즈전략을 착각하게 만든다.
Door in the Face 기법을 활용하면 실제로 고객은 당신 페이스에 끌려가지만 고객은 거꾸로 자신이 의도한 대로 보험컨설턴트가 따라온다고 착각하므로 이를 자연스럽게 연출하는 컨설팅 기술이 필요하다.

03 경우에 따라 밑져야 본전이라 생각하면서 강하게 대시한다.
고객이 언제나 쉽게 사인하지는 않는다. 경우에 따라 밑져야 본전이라는 생각으로 역으로 고객을 공략하여 승부수를 띄우는 심리마케팅 전략이 필요하다. 그래야 고객이 거절하려는 심리적 운신의 폭이 좁아져 고객의 마음을 읽어낼 수 있다.

04 고객에게 이 정도는 불입할 수 있다는 확신을 심어준다.
누구나 칭찬 앞에서는 마음이 약해지므로 고객을 최대한 치켜세워 자존심을 자극하면서 고객에게 자기 역량을 확신하게 한다. 이렇게 하여 고객 스스로 마음의 문을 열게 유도한다.

05 고객 스스로 원하여 가입했다는 만족감이 들게 만든다.
반드시 고객이 필요에 따라 가입했다고 확신하게 만들어야 완전판매가 이뤄진다. 내 권유 때문이 아니라 고객 자신에게 도움이 되어 원하는 대로 계약이 체결되었다고 생각하게 해야 한다.

역공을 펼쳐 사로잡는
Foot in the Door 기법

> 훌륭한 사람은 사람들의 자존심을 부추기기 위해 공을 들여야 한다.
> 자신을 믿는 사람들이 성취할 수 있는 것은 엄청나다.
> – 새뮤얼 월튼(Samuel Moore Walton)

보험상품 가입 심리를 알자

미국의 어느 기관이 발표한 자료에 따르면 보험계약자의 90% 이상이 보험에 들 때 '가능한 한 작게' 가입하려는 의지를 보였다고 한다. 고객들은 '보험은 보험료가 저렴하게, 작게 들면 된다'는 심리가 있었다는 것이다. 그 이유로 ① 보험료 부담, ② 이미 다른 보험 가입, ③ 안 들어도 되는데 안면 등으로 어쩔 수 없이 가입하기 때문이었다고 한다. 이는 우리나라 보험소비자들의 심리와 일맥상통한다.

따라서 보험컨설팅 전에 이런 심리상태를 인식하고 더 나아가 역이용할 줄 아는 지혜가 필요하다. 이용한다는 것은 고객에게 더욱 효과적으로 접근하여 클로징에 이르게 테크닉을 발휘한다는 의미이다.

프레젠테이션할 때에는 고객의 마음의 빗장을 좀 더 쉽고 빨리 열 수 있게 양파껍질 벗기듯 재정안정 플랜을 하면서 컨설팅해야 한다.

가입설계서의 주계약과 특약관련 보장(보상)내용을 한꺼번에 제시하지 말고 하나씩하나씩 덧붙여 승부수로 던지는 마지막 제안에 고객이 옴짝달싹하지 못하게 만드는 고난도 기술을 발휘해야 한다. 그래야 스펀지에 물 스미듯 의도한 대로 고객의 마음이 동화된다.

마음의 동화가 자연스러운 Foot in the Door 기법

심리학에 Foot in the Door Technique(문간에 발 들여놓기 기법)이라는 용어가 있다. 상대방의 심리를 분석하면서 스펀지에 물이 스며들듯 유도하여 종국에는 상대방을 꼼짝 못하게 만드는 고도의 심리전술이다.

Foot in the Door 기법은 보험컨설팅에서, 고객의 자존심을 상하지 않을 만큼 건드리면서 의도대로 고객이 순응하게 만들어 '예스맨'이 되도록 하여 목적을 달성하는 매우 효과적인 세일즈 전략기술이다.

예를 들어 A고객 가정의 재무분석 결과 월 100만 원짜리 보험을 권유할 수 있을 것으로 판단했다고 하자. 이때 100만 원짜리 가입설계서를 작성하고 프레젠테이션하는 것이 아니라 가입설계서를 적어도 세 개 이상 만든 뒤 일부러 가격이 가장 낮은 50만 원짜리를 권유한다.

그러면 고객은 '아니, 내 재무분석을 모두 했으면서도 겨우 이 정도만 권하는가?' 하고 의아해 할 것이다. 그리고 자존심이 상할 수도 있다. 이러한 심리를 예단하여 다음과 같은 질문으로 다른 사람과 비교하면서 고객의 이해를 구하는 심리 세일즈가 필요하다.

구매욕구 발산을 유도한다

구체적인 화법을 제시하면 "제가 ○○○님의 재무분석을 한 결과 ○○○님께서는 더 큰 금액으로 가입하실 수 있지만 장기상품이라 나중에 부담이 될 것 같아 일부러 이렇게 재무플랜을 짜서 제안하는 겁니다. 오해 없으시기 바랍니다"라고 정중히 운을 띄운다.

그런 다음 슬며시 "○○○님께 제가 권유하려던 것은 바로 이것입니다"라고 돌려대면서 컨셉세일즈를 펼친다. 그러면 고객은 당신의 배려와 마음 씀씀이에 감동할 것이다.

그때 자연스럽게 마지막 가입설계서를 슬며시 꺼내면서 "물론 이 정도를 권해드리지만…(말끝을 흐리고 고객의 마음을 훑어보면서) ○○○님은 이 정도 금액은 불입할 능력이 있을 것 같다고 판단하여 이 금액으로 작성해봤습니다. 어떻게 생각하세요?" 하면서 존경하는 표정으로 진중하게 컨설팅한다.

여기에는 '당신은 이 정도 보험료는 감당할 자신이 있다'는 확신, 더 큰 재무목표를 달성해야 한다는 당위성, 이에 따른 향상된 인생재테크를 실현하기 위한 뚜렷한 목표의식을 심어주는 종합적인 컨설팅클리닉이 수반되어야 한다.

♣ 톱 에이전트가 전하는 성공 노하우
인간은 누구나 자유와 프라이버시를 중시하기 때문에 단 한 가지 선택만을 강요하면 심리적으로 그 상황을 도저히 참지 못한다. 세일즈 달인은 상대방이 선택하게 두 가지 이상의 옵션을 제기한다. 그리고 고객이 더 빨리 결정하게 유도할수록 당신이 원하는 것을 얻을 가능성이 더욱 커진다. 고객에게 생각할 시간을 줄수록 당신이 원하는 것을 얻을 가능성은 그만큼 줄어든다.
— 로저 도슨(Roger Dawson)

Foot in the Door 기법을 효율적으로 전개하기 위한 Compliance Action Planning 5Tips

01 Foot in the Door 기법이 무엇인지 확실하게 인식한다.
Foot in the Door 기법은 작은 계약을 먼저 말한 후 점점 크게 불러 고액계약을 설계하여 고객이 사인하게 만드는 고난도의 심리마케팅 전술이다. 이를 적극 활용할 수 있게 심리전술과 마케팅 기법을 익힌다.

02 고객의 니즈 파악과 정보입수 차원에서 자세하게 질문한다.
고객의 심리를 활용한 마케팅기술을 보험세일즈에 접목할 때에는 철두철미한 재무분석과 고객 성향 파악이 선행되어야 한다.

03 고객의 장점을 최대한 칭찬하면서 적기에 정곡을 찌르는 화법을 구사한다.
양파껍질 벗기듯 고객의 닫힌 마음을 열어젖혀 진심을 알아내는 기술이 필요하다. 관련화법을 완전히 익힌다.

04 고객의 자존심을 건드려 고객이 더 높은 보험계약을 하게 유도한다.
재정안정플랜을 토대로 보험료 규모 단계별 가입설계서를 적어도 세 가지 이상 뽑아 작은 계약고 순서로 권하면서 고객의 순간적인 반응에 따라 히든카드를 꺼내 클로징에 들어간다.

05 고객을 점점 미궁으로 빠지게 만들어 내 가족이 되게 한다.
Foot in the Door 기법은 고객의 프라이버시를 살리면서 자존심을 살짝 긁어 자신도 모르게 '예스맨'으로 만드는 것이다. 당신의 세일즈 전략에 말려들어 사인하게 만드는 사전 롤플레잉 학습과 컨셉클리닉이 필수이다.

거절에 약한 심리를 이용한
로우볼 마케팅

> 행동은 감정에 따르는 것 같지만 실제로 행동과 감정은 병행한다.
> 행동을 조정함으로써 감정을 간접적으로 조정할 수 있다.
> – 윌리엄 제임스(William James)

보편적 제안은 흔쾌히 허락한다

"저녁 때 한 음식점에서 동창 모임이 있었다. 주거니 받거니 술잔이 오가고 세상사는 얘기를 했다. 한 사람이 건강도 챙길 겸 자연을 벗 삼아 등산을 가자고 제안했다. 모두 흔쾌히 동의했다. 날짜와 시간, 예상 경비 등은 다음 모임 때 알려주기로 했다. 30명 가운데 한 사람은 몸이 불편하고 또 한 사람은 일이 바빠 거절하고 싶었지만 분위기에 이끌려 동의하고 말았다."

이와 같이 사람들은 보편적이고 일반적인 제안을 대부분 흔쾌히 허락한다. 많은 사람 앞에서 자신만 거절하기가 난감하고 또 분위기에 휩쓸리는 동조현상과 군중심리가 일어나기 때문이다.

구체적으로 언제 어디 산으로 간다고 하면서 비용을 자세하게 설명했다면 "그날 선약이 있는데… 어쩌지?" 하면서 거절의사를 비친 사람도 있었을 것이다. 구렁이 담 넘어가듯 부탁하는 경우 이를 거절할 명분이 약해 흔쾌히 수락하는 경우가 비일비재하다. 또 자신의 생각과 부합되는 면이 있더라도 군중심리에 이끌려 어쩔 수 없이 따르는 경우가 많다.

이와 같이 자신의 의도를 다른 사람들에게 미리 알림으로써 일정한 정도의 간접적인 부수효과를 기대하는 것을 공표효과(announcement effect)라고 한다.

공표효과를 드높이는 로우볼(Low Ball) 마케팅

공표효과는 자신이 목적한 대로 일이 달성되도록 사람들에게 예고하는 선언적 의미가 강하다. 공표효과를 극대화하려면 처음부터 명시적으로 선언하는 것이 아니라 누구나 거절할 수 없게 보편타당하고 개괄적으로 제안해야 성공확률이 높다.

실제로 피험자들에게 그냥 실험 참가를 부탁하여 동의를 얻은 다음 아침 7시까지 오라고 하면 55%가 동의한 반면 처음부터 아침 7시까지 와서 실험에 참가하라고 했을 경우 25%만 동의했다고 한다.

이와 같이 목적한 대로 일을 성공시킬 확률이 매우 높은 공표효과를 활용한 심리기법을 'Low Ball Technique(낮은 공 기법)'이라고 한다. Low Ball 기법은 거절에 약한 심리를 활용한 것으로, 일단 불완전한 정보를 제시하여 동의를 얻은 다음 구체적이고 완전한 정보를 알려주어 거절 강도를 약화함으로써 목적을 이루는 기법이다.

독일의 낭만주의 철학자 프리드리히 셸링(Friedrich Wilhelm Joseph von Schelling)이 "인간은 생각하기 위해 태어난 것이 아니라 행동하기 위해 태어났다"라고 했듯이 일반적으로 마음이 동해야 움직이지만 상황에 따라서는 행동이 마음을 움직이는 경우가 있다.

마음과 행동 사이에는 일관성을 유지하고 싶어 하는 본능이 작용한다. 행동이 상당부분 진행되었다면 행동에 맞게 마음을 바꾸는 심리를 보이는데, 이를 세일즈에 활용한 것이 로우볼 마케팅이다.

로우볼 마케팅은 평이하게 부탁한 후 점점 어려운 부탁을 하거나 또는 하기 싫은 일에 관한 요구를 불명료하게 하여 승낙받은 후 내용을 분명히 하여 고객의 거절심리를 사전에 봉쇄하는 심리마케팅이다.

고객의 행동을 유발하여 자기합리화로 마음도 따라오게 만드는 로우볼 마케팅은 컨설팅에서 반드시 필요하다.

로우볼 마케팅으로 자연스럽게 유도

공표효과를 이끄는 로우볼 마케팅이 효과적인 이유는 사람들이 일단 어떤 행동코스에서 개입되면 프라이버시 때문에 그 행동에 맞게 합리화하면서 그대로 밀고 나아가려는 심리가 있기 때문이다.

로우볼 마케팅은 ① 영업이 안 될 때, ② 소개의뢰할 때 등 고객에게 무언가 부탁하고자 할 때, ③ 상품을 설명하면서 고객의 거절을 방지하려 할 때 사용하면 매우 효과적이다. 예를 들어 사람을 소개해달라고 했다 하자.

"경기가 안 좋다 보니 영업이 잘 안 되네요. 소개해줄 분 있으시면 나중에 소개 좀 해줄래요?" 이렇게 말하면 대부분 "그렇게 하죠. 뭐…" 이런 식으로 긍정적인 신호를 보낸다. 이는 단둘이 있을 때보다 사람이 많을 때 부탁하는 것이 더 효과적이다.

하나 더! 보험컨설팅을 할 때 장점부터 말한 다음 단점은 나중에 슬며시 알려준다. 첫인상이 사람의 모든 것을 결정하듯 일반적으로 맨 처음 말한 것을 더 잘 기억하고 마음에 새겨두는 경향이 있다.

장점부터 말하면 고객은 나중에 말하는 단점에 그리 큰 비중을 두지 않는다. 설령 상황이 좋지 않게 전개되어도 고객은 거절 표시를 가급적 하지 않으려 한다.

따라서 제안하려는 보험상품의 다양한 장점 속에 단점을 부드럽게 버무려 대화의 물꼬를 트는 세일즈전략이 필요한데, 이 경우 가장 효과적인 화법기술이 '장이장이단기법'이다. 즉 상품을 설명할 때 장점을 다섯 번 나열한 다음에는 반드시 단점을 하나씩 알려주어 거절 방지는 물론 고객감동까지 이끌어내는 전략적 컨설팅 기술을 발휘해야 한다.

또 하나! 보험컨설팅할 때 일단 고객의 인생 3L을 토대로 작성한 재정안정플랜에 따른 주계약만 얘기한다. 그러면 보험료가 적게 나온다. 고객은 이 금액쯤이면 가입할 만하다고 생각하여 긍정적인 신호를 보낸다. 이것이 고객의 마음을 일차적으로 사로잡는 안심효과이다. 이때 재빨리 옵션을 요구한다.

즉 다양한 특약을 하나, 둘 꺼내 특약들의 장점을 집중 부각한다. 특약을 말할 때에는 월 보험료가 작은 특약부터 설명하면서 고객의 보험료 부담을 감소시켜준다. 이렇게 하면 한층 더 쉽게 사인의 장으로 끌어올 수 있다.

로우볼 마케팅을 자유롭게 활용하려면 반드시 자신에 관한 고객들의 좋은 평판이 자리하고 있어야 한다. 따라서 평상시 CRM을 통한 인맥관리와 자기관리 그리고 계발에 매진해야 한다.

> ♣ 톱 에이전트가 전하는 성공 노하우
> '나는 성공할 수 있어!'라고 생각할 때와 '나는 실패할 거야!'라고 생각할 때는 똑같은 양의 두뇌 에너지를 소모한다. 두 생각의 차이라면 하나는 활력을 불어넣고, 다른 하나는 힘을 약화시킨다는 것이다.
>
> — 솔로몬 힉스(Solomon Hicks)

로우볼 마케팅을 효율적으로 전개하기 위한
Compliance Action Planning 5Tips

01 고객을 내 편이 되게 만드는 로우볼 마케팅을 확실히 알아둔다.
로우볼 마케팅은 먼저 상대가 인정하기 쉬운 제안을 해서 승낙하면 점차 옵션을 요구하는 단계적 공략 기법이다. 상대방을 설득하는 여러 방법 가운데 고객의 마음보다 행동을 내 편으로 만든 다음 나중에 마음을 돌리는 심리전술이다.

02 거절을 사전에 봉쇄하는 공표효과를 노린다.
사람은 어떤 결정을 내리면 그 내용이 조금 달라져도 번복하려 들지 않으므로 언제, 어느 곳에서 어떻게 공표효과가 극대화될지 사전에 치밀하게 검토하고 시뮬레이션해 둔다.

03 고객이 먼저 행동으로 OK하게 만든다.
이렇게 하려면 공표효과가 극대화될 만큼 누구나 허락할 평이한 부탁을 해 거절할 수 없게 만든다.

04 상품을 설명할 때는 반드시 장이장이단기법으로 설득한다.
보험컨설팅을 할 때에는 좋은 조건만을 나열하여 고객의 호기심을 증폭시켜 니즈를 환기하고 구매 욕구를 자극하는 것이 중요하다. 이때에는 장점과 이점을 지속적으로 나열한 다음 끝에 가서 단점을 살며시 알려주는 장아장이단기법이 가장 효과적이다.

05 보험료 규모를 설명할 때에는 고객의 안심효과를 노린다.
매월 지불하는 보험료 규모에 민감한 고객의 심리를 고려하여 규모가 작은 금액부터 제시한다. 이를 효율적으로 실행하려면 주계약을 먼저 설명하고 특약은 나중에 설명하면서 안심을 유도한다.

불안 심리를 전략적으로 유도하는 공포마케팅

> 누구나 모든 현실을 볼 수 있는 것은 아니다.
> 사람들은 대부분 자기가 보고 싶어 하는 현실밖에 보지 않는다.
> – 율리우스 카이사르(Gaius Julius Caesar)

불안과 공포심에 매우 약한 모습을 보인다

사람들은 본능적으로 어떤 사건이 자신에게 조금이라도 피해를 끼칠 것 같으면 이에 대한 불안과 공포심을 갖는다. 인간은 자기에게 불리하거나 좋지 않은 것은 생각하지 않으려는 심리를 보이다가 막상 자신에게 그것이 다가올 것 같은 불길한 예감이 들면 두려움에 떨며 객관적이고 이성적인 판단 기능이 마비된다. 바로 사람들의 이러한 원초적인 공포심리를 자극하여 상품구매 욕구를 불러일으키는 고도의 심리전략이 공포마케팅(Fear Marketing)이다.

미래 불안을 피부로 느껴 보험가입으로 이끄는 공포마케팅

공포마케팅은 인간이 원초적으로 느끼는 불안과 두려움, 공포심 등의 심리적인 위협요인들을 세일즈에 유효적절하게 이용하는 전략적 세일즈 기술을 말한다. 공포와 불안에 민감하게 작용하고 약한 인간의 속성을 활용하는 세일즈기법이다.

어떤 직·간접적인 사건에 직면하거나 위기 상황에 봉착했을 때 겉으로는 태연한 척하지만 내놓고 말하지 못하는 인간 내면의 공포심을 자극하여 안전을 갈구하게 함으로써 그에 적합한 상품을 구매하도록 유도하는 것이다.

공포마케팅을 보험세일즈에 적용하면 '만약' 이란 불확실성이 내재한 기우가 현실로 다가올 수 있음을 느끼게 해줘 보장자산을 확보하지 않으면 안 되도록 심리적 불안감을 심어주는 것이다. 생활자산과 은퇴자산을 확보하지 못하면 자칫 인생의 실패자로 살게 될지 모른다는 불안감을 심어주고 공포감을 느끼게 하는 것이다. 사람들은 대부분 불행한 사고가 비일비재하지만 막상 그것이 자기와 가족에게는 닥치지 않을 것이라는 예외적 생각과 막연한 기대감을 갖는다.

따라서 이런 고객의 막연한 기대심리가 기우로 그치는 것이 아니라 현실로 다가와 엄청난 경제적 고통과 마음의 상처를 안겨줄 수 있다는 위기의식을 느끼게 만들어 보험을 통해 미리 위험에 대한 헤지(Hedge) 방안을 강구해놓도록 하는 것이다.

즉 삶의 여정에서 불행은 어느 때 어느 곳에서든지 항상 예고 없이 찾아오므로 이에 대해 미리 준비해놓지 않으면 그에 따른 고통을 본인은 물론 가족까지 부담해야 하는 최악의 상황에 직면할 수도 있다는 사실을 느끼도록 만듦으로써 고객 스스로 마음의 문을 열고 보험에 대한 니즈환기와 구매욕구를 불러일으키게 한다.

또 경제적 안정이 없으면 노후도 비참해지고 만약의 사태가 발생했을 때 가족의 생활도 비참해진다는 사실을 시뮬레이션을 통해 피부로 느끼게 해준다. 은퇴자산 마련에서는 미리 노(老)테크를 하지 않으면 노후가 비참하게 다가옴은 물론 그에 따른 기회비용까지 잃어버린다는 점을 강조하여 장기저축의 필요성을 실감하게 만드는 것이다.

통계마케팅과 스토리텔링 마케팅을 가미하여 시너지 창출

공포마케팅은 통계마케팅과 스토리텔링 마케팅을 가미할 때 미래 삶에 대한 공포감을 더욱 느끼게 되어 효과가 극대화되므로 프레젠테이션할 때는 긴장을 조성하여 고객이 스스로 마음의 문을 열고 나오도록 하는 충격화법을 실감나는 스토리로 엮어 들려준다.

보장자산과 은퇴자산 준비에 미흡한 고객에게 객관적인 자료와 맛깔스런 사례를 들어 미래 삶에 대한 불안의식과 공포감을 갖게 하여 기선을 제압한 다음 현안에 대한 해결방안을 제안한다.

예를 들어 다음과 같은 충격화법을 적절히 활용해 불안 심리를 자극하여 공포효과를 노린다.

① 우리나라 사람 중 무려 과반수가 건강에 적신호가 켜졌다고 합니다. 40세 이상은 10명 중 7명이 심장건강에 빨간불이 켜져 있는 상태라 합니다. 특히 남자의 경우 동일 연령대의 여자들보다 사망률이 40대는 2.5배 이상, 50대는 2.9배 이상 더 높게 나타나고 있습니다. 일반사망률만을 놓고 볼 때 40대 남자는 여자보다 3배 이상 높습니다.

② 통계청이 발표한 '사망 및 사망원인통계 결과'를 살펴보면 악성신생물(암), 뇌혈관질환, 심장질환 3대 사망원인으로 인한 사망자가 전체 사망자의 절반 가까이 된다고 합니다. 2명 중 한 명은 3대 성인병으로 사망한다는 얘기이지요. 이렇게 사망확률이 높은 리스크가 있는 질병에 대한 헤지 방안을 모색하지 않으면 자칫 가정경제에 엄청난 부담을 주게 됩니다.

③ 요즘 30~40대를 일컬어 샌드위치세대라고 하는 것 아시죠? 늙으신 부모님을 봉양하는 마지막 세대이자 자식에게서 떨어져 나와 노후를 스스로 책임지며 살아가야 할 첫 번째 세대이기 때문에 붙여진 서글픈 명칭이지요. 그만큼 사회적으로나 경제적·문화적 여건이 해를 거듭할수록 자기책임주의로 바뀌어가고 있음을 의미합니다. 그래서 요새 젊은 가장들은 대부분 노후에 대해 불안하게 생각합니다. ○○님도 그렇죠?(긍정적인 대답 유도)

④ ○○님! 문제 하나 낼게요. 세계에서 가장 빠른 속도로 늙어가는 나라가 어느 나라인지 아세요? 불행하게도 정답은 우리나라랍니다. 우리나라 고령화 속도는 전 세계 어떤 나라와 비교할 수 없을 정도로 초스피드로 진행되고 있다고 합니다. 시간이 갈수록 평균수명이 늘어나는데 노후를 잘 준비해 골드인생을 살아가시려면 젊어서 하루라도 빨리 노(老)테크를 추진해야만 합니다.

이와 같은 화법을 전개해 자신이 너무 안이하게 살고 있는 것 같다는 생각이 들도록 만들어 마음속으로 은근히 공포심이 들게 한다. 인생의 위험요소를 알려주고 보험을 통한 위험관리로 보장자산을 확보하고 은퇴자산을 미리 준비하도록 만든다.

이때 고객의 생활수준에 따라 미래에 대한 통계치를 정확히 제시하면서 그와 관련된 예시를 들어주어 실감도를 높인다. 단, 너무 과장된 보험플랜을 제안하면 자칫 역효과가 발생하므로 고객의 인생 3L에 입각하여 설계한 후 라이프스케일의 변화에 따라 포트폴리오 리밸런싱을 추진한다.

공포마케팅을 효율적으로 전개하기 위한
Compliance Action Planning 5Tips

01 삶에 리스크가 심한 현재 및 미래의 상황과 사례를 구체화한다.
공포마케팅은 고객이 미래 삶에 대해 불확실성을 느끼도록 만드는 것이 중요하다. 따라서 고객의 내면에 자리한 미래에 대한 불안심리가 노출되도록 각종 사고의 발생과 그로 인한 가정의 자화상을 스토리텔링 형식으로 설명한다.

02 보험상품의 특성인 리스크 헤지 기능을 실감나게 설명하여 공표효과를 유도한다.
불가항력으로 다가오는 인생의 가장 큰 위험 3가지를 알린다. 인생을 살아가는 데 인력으로는 도저히 해결되지 않는 3가지 위험인 ① 너무 일찍 죽는(Die too soon) 사망위험, ② 너무 오래 사는(Live too long) 노후위험, ③ 건강을 잃고 수입마저 끊겨 너무 힘들게 살아가는(Live too Painful) 생활위험을 실감나게 설명하여 불안감을 조성한다.

03 고객의 마음과 시선이 자신에게 쏠릴 수 있도록 관심을 유도한다.
고객으로 하여금 미래의 삶에 대한 궁금증과 의문을 유발시켜 문제를 제기한다. 특히 인생의 3가지 위험요소를 사전에 헤지해나가는 것이 가정경제 안전망 구축에 절대적인 선행조건임을 일깨우면서 이에 가장 적합한 최선의 방책이 바로 보험이라는 사실을 충격화법을 사용하여 이해시킨다.

04 제안하는 보험상품에 대한 니즈를 환기해 고객의 구매 욕구를 불러일으킨다.
실제 사례와 통계자료를 보여주면서 상대방으로 하여금 새삼 교통사고에 대한 불안감을 느끼게 한다. 특히 가정경제의 위험관리를 주저하는 고객들에게 자산형성과 관리상 문제의 핵심을 짚어주면서 인생재테크는 현재의 절약에서 오는 것임을 주지시킨다.

05 삶의 리스크 헤지 방안을 보험플랜을 통해 구체적으로 제시한다.
고객이 상품에 대한 니즈를 확실히 느끼고 가입욕구를 가질 수 있도록 보험증권 분석을 통해 CI보험, LTC보험, 암보험, 실버보험 등 리빙 케어(living care)상품을 제안한다. 이때 보험 가입시의 이점과 혜택에 대해 실질적인 수혜 사례 등을 제시하여 공감대를 형성하고 확증을 심어준다.

[김동범의 아름다운 보험인생 편지]

여기 또 하나의 살가운 손길이 있습니다

보이지 않는 곳까지 자상하게 살피는 당신의 따사로운 손길에서 보험의 참뜻을 깨닫고 배웁니다. 고객을 먼저 생각하는 당신의 넓은 마음에서 무엇이 사랑이고 어떻게 하는 것이 영업인지 배웁니다.

보험컨설팅이 보험의 전부는 아닙니다.
고객에게 적합한 보험상품 권유가 보험의 전부는 아닙니다. 리스크 헤지를 위한 보장(보상)이 보험의 전부는 아닙니다.

의미 그대로 여러 가지 위험요소들로부터 가정을 보호하는 것이 보험입니다.
한 단계 더 나아가 고객의 생애 전반에 걸친 인생재테크를 해주는 것이 보험의 역할이고 당신의 사명입니다.

고객 가정이 행여 힘들까 노심초사하면서 언제나 가까이에서 가족같이 돌보는 마음씨가 중요합니다. 모든 사람이 안락하게 잠들게 집을 설계하고 아늑한 공간을 조성하는 장인정신에서 보험의 참뜻을 배웁니다.
아이들이 다치지 않게 세심하게 살피며 갈무리하는 선생님의 손길에서 보험의 참뜻을 배웁니다.

그리고 여기 또 하나의 손길…
비가 오나 눈이 오나 오로지 고객 가정이 잘되기를 바라는 마음으로 고객서비스에 힘을 쏟는 행복의 전도사인 당신에게서 진정한 보험의 가치와 참뜻을 느끼고 배웁니다.

당신이 있어 오늘도 우리 가족은 편안합니다.

Part 5
프로 FC의 영업비법

● 보험세일즈 성공 명언

어느 분야이든 상위 10%에 속하는 사람들은 대부분 최하위 10%에서 시작했다. 자기 분야에서 최고가 되겠다고 결심하라. 목표를 달성할 때까지 끊임없이 노력하라.

– 브라이언 트레이시(Brian Tracy)

보장자산과 연금자산의 양수겸장

> 영업에서 성공은 상품과 서비스에 공감하는 사람을 많이 모으는 것이다.
> – 우이 요시유키(宇井義行)

은퇴 후에는 연금자산이 더 중요

"고객이 보험에 가입할 때 진정으로 바라는 점은 무엇일까? 고객에게 어떤 점을 더 강조해야 할까?" 고객은 단순히 보장자산만을 원하지 않는다. 20년 후에는 기대수명 100세 시대가 된다. 현재 30대 이상은 평균여명을 볼 때 대부분 100세는 산다는 것이 의학전문가들의 일반적 견해이다. 이렇게 볼 때 활동기는 취업해서 결혼하고 난 뒤부터 은퇴까지이다. 즉 가정에 보장자산이 필요한 시기는 은퇴시기까지라 할 수 있다. 그 후에는 보장자산보다 생활자산인 연금자산이 더 중요하다.

은퇴 이후 무일푼인 시절을 예전처럼 자식이 책임지고 봉양한다면 보장자산에 올인해도 되지만 노후를 자식에게 기대기는 불가능함을 고객에게 적극 주지시켜야 한다.

부모세대처럼 노후를 맞이했다가는 비참함과 고통으로 얼룩질 것이 뻔하다. 은퇴하고 짧게는 30년, 길게는 40년이나 되는 인생황혼기를 대비한 골드 인생테크(노테크) 전략을 세우도록 설파해야 한다.

변하는 보험패러다임에 맞춘 컨설팅 클리닉

보험의 주된 기능은 경제적 위험 헤지(hedge)이다. 언제 어느 때든 개개인과 그 가족 구성원이 과부족 없는 보장자산을 확보하여 안정된 경제력을 간헐됨 없이 유지하는 데 가입 목적이 있다. 그러나 장수시대에 보장자산 확보에만 치중하는 컨설팅을 하고 고객 또한 당장의 가족 안위에만 신경 쓰다 보면 골드인생살이에 필요한 연금자산 확보가 뒷전으로 밀릴 수 있다.

보험컨설팅은 단순한 보장자산 확보가 아니라 큰 틀에서 고객이 생활자산을 과부족 없이 확보해 생애설계가 바람직한 방향으로 풀릴 수 있게 로드맵을 제시하는 인생재테크 클리닉으로 승화되어야 한다.

노테크와 보장테크 병행 컨설팅 클리닉

　노후가 나날이 길어지므로 시드머니의 미래가치가 최대한이 되게 재무클리닉을 해야 한다. 일반적으로 어느 정도 먹고 살려면 은퇴 후 14년은 더 일해야 하는데, 현실적으로 70세 이후에 일할 자리는 별로 없다.

　따라서 젊었을 때 자산을 많이 늘려야 하므로 보험설계사는 이런 것을 염두에 두어 노테크와 보장테크를 병행해 고객의 노후를 풍요롭게 만들어야 한다.

　보험설계사는 고객이 큰 수익꾸러미를 가지고 은퇴 후 골드인생을 맞이하고, 골드에이지가 무르익게 기반조성을 보험투자상품으로 갈무리해야 한다.

　젊은 시절 자신의 노후설계는 뒷전으로 미루고 가족을 위한 보장자산만 마련하면, 자식이 독립해 잘살더라도 당사자의 노후가 고통으로 얼룩져 부모와 자식지간 또는 자녀의 부부지간에 갈등의 씨앗을 제공하는 실마리가 될 수 있음을 시뮬레이션으로 알려주어야 한다.

　지금부터 고객들의 노후와 가장으로서의 책무에 똑같이 무게중심을 두고 보험설계를 할 수 있게 보험포트폴리오 리밸런싱을 해주어야 한다.

영업 아젠다는
보험포트폴리오 리밸런싱

> 기존고객이나 추천으로 알게 된 고객이 완전한 신규고객보다 우선되어야 한다.
> 기존고객이 최고의 단골고객이다.
> － 랠프 로버츠(Ralph Roberts)

고객의 니즈를 따른 라이프 코드 컨설팅 클리닉

이젠 거의 모든 가정이 보험을 들었으므로 보험포트폴리오 리밸런싱을 통한 리모델링이 이루어지지 않고는 기존 고객에게 신규 보험계약을 체결하기 힘들다.

보험포트폴리오 리밸런싱(Rebalancing)은 이미 가입한 보험상품에 대해 정확하게 증권분석을 하여 은퇴한 뒤 라이프 맵에 맞게 리모델링함으로써 효율적으로 재구성하는 보험재설계를 말한다.

고객 가정의 라이프스케일은 인생 3L에 따라 달라지므로 미래 일정

시점의 라이프스케일에 맞게 보험포트폴리오 리밸런싱을 반드시 추진해 리모델링해야 한다.

보험포트폴리오 리밸런싱을 할 경우 단순히 보험리모델링만 해서는 안 된다. 고객의 현재와 미래 일정시점의 라이프스케일을 면밀하게 검토한 다음 니즈를 따라 라이프 코드에 맞게 컨설팅 클리닉을 하고 그에 적합한 보험상품을 설계해야 한다.

그래야 고객 가정에 라이프스케일 변화가 발생할 때 즉시 새로운 보험포트폴리오 리밸런싱을 할 수 있고, 고객은 다른 FC가 아닌 당신에게 컨설팅을 의뢰할 것이기 때문이다. 그렇지 않고 단순히 영업실적 차원에서 보험리모델링을 하면 당장 계약은 될지라도 지속적 유지와 보험만족이라는 결과를 도출하기는 매우 힘들다.

기존고객에게 맞춤식 리모델링

기존고객은 소중한 평생보험 파트너이다. 보험영업에서 소중한 보물은 뭐니뭐니해도 확보한 유망고객 명단이다. 그중 개척하여 발굴한 따끈따끈한 고객보다 오래 묵은 포도주처럼 가치가 우러나는 기존고객 명단은 더 중요한 인프라이다. 기존고객에게 소홀히 하는 것은 보험영업을 그만두겠다고 각오(?)하는 것과 같다.

백지시장에서 신규고객을 발굴하는 일은 점점 더 어려워지고 있다. 이는 업무효율 면에서도 그리 반갑지 않다. 기존고객 관리로 새로운 고객을 만들거나 추가계약을 뽑는 것이 맨땅에 헤딩하기 식의 영업보다 비용이 5배나 절감된다.

또 신규고객이라도 새로 발굴한 고객이 새 계약을 체결할 확률보다 기존고객이 추가로 보험을 계약할 확률이 더 높다. 따라서 백지시장을 창출하는 블루오션 전략(Blue Ocean Strategy)보다는 기존시장을 수성하면서 키우는 레드오션 전략(Red Ocean Strategy)을 펼쳐야 한다.

미국생명보험마케팅연구협회(LIMRA)의 자료에 따르면 고객 10명 가운데 7명이 같은 보험에이전트에게 다시 보험을 계약한다고 한다. 이 70%의 고객이 담당에이전트에게 추가계약을 하는 이유는 담당에이전트의 보험 토털서비스에 만족하기 때문이다. 실제로 고객 10명 가운데 9명은 현재 자신을 담당하는 보험에이전트에게 만족한다고 대답했다고 한다.

우리나라는 방카슈랑스, 인슈랑스와 홈슈랑스 시대를 맞이해 똑같은 보험컨설턴트에게 다시 가입하는 고객이 50%를 넘지 않는다. 이러한 사실을 염두에 두어 기존고객의 로열티 향상에 심혈을 기울여야 한다.

나무만 보는 리모델링은 하지 마라

보험 리모델링을 할 때 당신이 현재 머무는 보험 분야에 대해서만 보장분석을 해서는 절대 안 된다. 그러면 나무는 보고 숲은 보지 못하는 우를 범해 올바른 재무분석으로 고객의 인생재테크를 실현할 수 없다.

손해보험과 생명보험 상품의 간격이 점점 줄어듦으로 고객이 두 분야 상품을 동시에 가입했다면 모두 철저히 분석해야 한다. 다른 보험사 상품가입 여부까지 세밀하게 알아보고 대처하는 통합 증권분석전략이 필요하다. 업무제휴를 맺어서라도 현재 가입한 모든 보험증권을 분석하여 리모델링해야만 고객이 다른 FC를 만나 보험컨설팅을 받아도 흔들리지 않고 당신을 더욱 신뢰하게 된다.

> ❗ **포트폴리오 리밸런싱을 위한 실행계획 5가지**
>
> 1. 기존고객을 최고 고객으로 생각하고 가입 후에도 지속적으로 신뢰를 구축한다.
> 2. 보험 리모델링은 고객이 더욱 안전하게 생활하면서 이익을 많이 보게 하는 것임을 명심한다.
> 3. 고객의 보험니즈를 분석하고 이에 따른 리모델링 전략을 강구한다.
> 4. 보장수요와 재테크 실현 모두 달성될 접점을 찾는다.
> 5. 기존고객의 증권분석을 모두 하여 계약전환과 추가계약, 리모델링이 지속적으로 이루어지게 사후관리에 매진한다.

가계자산운용 4분법
재무클리닉

> 보험에이전트에게 중요한 임무는 고객의 현안문제 해결을 돕는 일이다.
> 따라서 임무수행에 절대적으로 중요한 요소는
> 고객의 재정문제를 해결할 수 있게 돕는 능력이다.
> – 노먼 리바인(Norman Levine)

가계자산운용 4분법 컨설팅 클리닉

고객이 가계금융자산을 운용할 때 재테크하는 가장 큰 이유는 안정된 자산관리와 효율적 자산형성, 즉 투자가치의 극대화이다. 안정된 자산관리는 자금이 필요할 때 찾아 쓸 수 있게 환금성과 유동성 확보 선행을 의미한다. 이 전제조건을 뒷받침하지 못하면 자산의 효용가치는 저하된다.

자산의 효용가치를 늘리려면 ① 안정성과 환금성을 중시하는 저축, 예금 등 금융상품, ② 보장성을 중시하는 보험, 공제 등 보험상품, ③ 안정성과 수익성을 중시하는 펀드, 변액보험 등 간접투자상품, ④ 수익성을 중시하는 부동산, 주식 등 직접투자상품에 맞게 네 가지 방법으로 자산포트폴리오가 이루어져야 한다. 이렇게 가계자산을 안분 비례하여 적절하게 운용하는 것을 가계자산운용 4분법이라 한다.

따라서 재무클리닉을 할 때에는 가계자산운용 4분법에 따라 고객의 자산포트폴리오가 올바로 이루어지게 컨설팅해야 안정성, 수익성, 환금성, 미래성이 서로 작용하는 시너지 효과로 인생재테크가 영근다. 프레젠테이션에서 이 점을 반드시 강조하면서 정액보험과 변액보험을 컨설팅해야 한다.

투자대상별 장단점을 정확히 분석

금융상품은 입출금이 가능하고 기본적인 이자를 지급해 안정성과 환금성은 뛰어나지만 저금리시대에 조정수익률로 계산할 경우 실질적 이익이 별로 없어 수익성은 떨어진다.

주식은 주가 등락에 따른 매매차익과 배당을 얻을 수 있어 수익성이 뛰어나지만 투자리스크가 투자자에게 모두 귀속되므로 안정성이 매우 취약하다.

부동산은 인구 대비 국토면적 비율이 상대적으로 낮아 가격상승 요인이 내재되어 있으므로 장기보유하면 안정성과 수익성이 뛰어나다고 할 수 있지만 환금성이 매우 취약하여 목적자금이 필요할 경우 매매가 쉽지 않고 관련 세금도 많아 투자리스크도 따른다.

이처럼 금융상품이나 부동산, 주식은 자산형성 주체로서 수익성, 안정성, 환금성 측면에서 나름대로 장점도 있지만 단점도 있다. 저마다 서로 반대 방향으로 움직이는 재테크 속성이 있다.

한 곳에서 손해 보더라도 다른 곳에서 보전할 수 있으므로 이를 효과적으로 활용하기 위한 방법이 포트폴리오에 입각한 가계자산운용의 안분 비례 방법이다. 투자 속성이 다른 네 가지 자산운용방식에 관해 재무전문가로서 자질을 갖춘 후 고객이 자산을 적절히 안분 비례하여 투자하게 컨설팅한다.

인생재테크를 완성해주는 변액유니버설보험

고객의 자산이 수익성, 안정성, 환금성이 두루 이루어지게 하려면 자산운용 4분법에 따라 관리되게 해야 한다. 먼저 가계운영자산을 단기 운용할 경우와 장기 운용할 경우로 구분하여 관리한다.

그리고 금리변동성과 앞으로 수입증대에 따른 라이프스케일 변화에 따라 자산운용방식에 변화를 줄 수 있게 지속적으로 재무클리닉을 한다.

주식, 채권, 부동산 등의 자산가치는 해당 자산에서 나올 현재와 미래의 수익(배당, 이자, 임대료)을 현재가치로 환산한 것이므로 금리 변화는 수익률에 절대적으로 영향을 미침은 물론 투자방향(투자구성비)도 바뀐다. 고객이 단기간 운용하려 할 때에는 당연히 금융상품과 주식을 선호할 것이며 목돈이 많을 경우에는 부동산을 선호할 것이다.

그러나 매월 정액투자를 장기간 하여 목적자금을 마련해야 할 때에는 고객이 변액보험을 선택하게 만들어야 한다. 그래야 고객의 가계자산이 안분 비례에 따라 이루어져 인생재테크가 영글 수 있음을 설득한다. 특히 인생의 3분의 1이 경제력 없는 황혼기가 될 장수시대임을 감안할 때 실질적 연금 수혜의 폭이 가장 큰 변액연금보험은 행복한 노후를 위한 최선의 재테크 상품임을 통계마케팅을 접목해 클리닉한다.

톱니바퀴처럼 상호보완적 역할을 하게 만드는 가계자산운용 4분법을 모두 아우르는 인생재테크 설계를 완벽하게 하면 그보다 더 바람직한 포트폴리오가 없겠지만 현실적으로 쉽지 않으므로 계란을 한 바구니에 담되 깨지지 않게 하는 과학적 안분 비례가 중요한데, 최선의 방법이 변액유니버설보험임을 설득력 있게 주지시킨다.

인생재테크 차원에서 어느 한 곳에 투자한다고 할 때 보장기능은 물론 은행기능과 주식기능이 접목되어 안정성, 수익성, 환금성은 물론 노테크 기능까지 갖춘 장기투자 상품인 변액보험을 선택하는 것이 바람직함을 환기시켜 공감대를 형성하고 구매 욕구를 북돋운다. 그리고 목적자금 사용 시기에 맞춰 단기, 중기, 장기로 투자패턴을 달리하여 재테크 파이가 커질 수 있게 클리닉한다.

금융상품 재테크 방법별 비교분석

구 분	직접투자방식 (주식투자)	간접투자방식(펀드투자)			은행상품 (예금, 적금)
		적립식 투자	거치식 투자	보험투자상품	
재테크 목적	목적자금 마련기간 내 cash value 증가				
투자자금	소액의 개별 개인자금	소액이 뭉친 거액의 공동자금 (내재가치(intrinsic value) 투자)			소액의 개별 개인자금
운용주체	투자자 본인자산	운용전문인력(펀드매니저)			가입자 본인
투자포트 폴리오방식	소수종목 집중 투자-단기수익 극대화 수단	다수 종목 및 유형에 분산투자-위험관리가 강화된 재무설계 수단			안정종목 집중 투자-중단기 목적자금마련 수단
투자위험도	높음	보통	약간 높음	보통(가입 초기 에는 높음)	매우 낮음
시장위험성	높음	낮음	보통	낮음	거의 없음
투자책임	투자자 본인	좌동	좌동	좌동	좌동
투자성공 확률	매우 낮음 (불확실성 내재)	중단기 투자시 높음	보통	장기투자시 높음	매우 높음
개별종목 위험성	높음	낮음	보통	낮음	거의 없음 (원금보존)

구 분	직접투자방식 (주식투자)	간접투자방식(펀드투자)			은행상품 (예금, 적금)
		적립식 투자	거치식 투자	보험투자상품	
기대이익 수준	고수익	안정수익	고수익	안정수익	저수익
이익배당 방식	실적배당	실적배당	실적배당	실적배당	확정배당
투자기간	단기	중기	중단기	최장기	중단기
투자대상	주식	펀드운용	펀드운용	펀드운용, 보험설계	주로 채권
재테크 강점	수익성	수익성, 안전성	수익성	안전성, 보장성	안전성, 환금성
지출비용 규모	작음	큼 (기간 경과시 더 큼)	큼 (정액선취 방식 적용)	매우 큼 (기간 경과시 작아짐)	거의 없음
자금운용 체크	정기점검 필요	정기점검 필요	정기점검 필요	정기점검 필요	불필요
투자자의 재테크 리스크	정보력과 분석력 부재 및 마켓타이밍 능력 부족으로 실질적 성공 확률 5% 이하	장기투자시 수수료 후취적용으로 불리, 중도환매시 수수료 지불	목돈 투자로 코스트 애버리징 효과 미발생하여 펀드변동시 위험회피 곤란	보험특성상 사업비 및 위험보험료 발생으로 가입초기 중도해지시 원금손실 가능	이자소득세 과세로 실질적인 수혜 폭이 적음. 장기투자시 수익률 저조
	원금손실위험	좌동	좌동	좌동	–

※ 보험투자상품은 변액보험, 변액유니버설보험, 변액연금 등 모든 변액보험상품을 일컬음

♣ 톱 에이전트가 전하는 성공 노하우
전문지식으로 무장한 다음 친구, 친지는 물론이고 만인에게 자신의 전문성을 알리는 것이 자신을 판매하는 가장 좋은 세일즈비법이다.
– 랠프 로버츠(Ralph Roberts)

인플레 헤지 기능에 알맞은 지속적인 관리

> 세일즈의 목적에서 올바른 정의는 단 하나밖에 없다. 그것은 고객 창조이다.
> – 피터 드러커(Peter Drucker)

인플레 헤지 기능을 조정수익률로 설명

변액보험이 장기투자상품이다 보니 상담할 때 "이 변액보험상품은 인플레 헤지 기능이 있다"라고 설명하면 고객들은 이런 질문을 할 것이다. "몇 십 년 후에 그 돈 타봐야 얼마나 되나? 인플레를 감안하면 실제수익도 별로 안 날 텐데 인플레 헤지 기능이 실제로 있는지 알기 쉽게 설명해달라."

단순 재테크할 경우 고객이 변액보험에 가입하는 이유는 시드머니의 미래가치를 높이기 위해, 즉 돈을 모으는 일정한 미래시점(목적자금 활용시기)에서 더 확실한 현금가치(cash value)를 위해서이다. 따라서 투자한 돈의 미래가치를 정확하게 알려주는 컨설팅이 필요하다. 특히 다른 금융상품, 즉 은행의 저축상품이나 적립식펀드와 비교·설명하면 더욱 쉽게 이해할 것이다.

일단 물가상승률을 반영하지 않은 시드머니의 미래가치 계산(수익률 산출)은 장래 목적자금 활용시의 생활수준과 차이가 많이 발생함을 알린다.

투자수익률은 조정수익률로 환산해야 종자돈, 즉 시드머니의 미래가치를 정확히 예측할 수 있다. 조정수익률(adjusted return)은 물가대비 실질수익률을 의미하는 값이다. 투자수익률이 물가상승폭을 모두 커버한 후의 실질적인 돈의 가치를 수익률로 환산한 값이다. 조정수익률로 계산하면 실질적으로 투자수익이 얼마나 발생하는지를 고객에게 설명해야 한다.

물가상승률 4%일 때 투자수익률 대비 조정수익률 값(예시)

(단위 : %)

투자수익률	1.0	2.0	3.0	4.0	5.0	6.0
조정수익률	-2.885	-1.923	-0.962	0	0.962	1.923
투자수익률	7	8.0	9.0	10.0	11.0	12.0
조정수익률	2.885	3.846	4.808	5.769	6.731	7.692
투자수익률	13.0	14.0	15.0	16.0	18.0	20.0
조정수익률	8.653	9.615	10.577	11.538	13.462	15.385

※ 조정수익률 =[(1 + I) ÷ (1 + r)-1]×100(I는 투자수익률, r는 물가상승률)

위의 예시를 볼 때 앞으로 물가상승률 이상의 수익과 그에 덧붙여 연 5% 이상의 투자수익을 올리려면 펀드운용으로 인한 투자수익률이 적어도 연 10% 이상이어야 함을 알 수 있다.

따라서 물가상승률이 연 4%이고 펀드투자수익률이 연 10%라면 실제수익률인 조정수익률은 연 5.769%이다. 투자수익률이 연 8%라면 실제수익률인 조정수익률은 연 3.846%이다.

물가상승률을 커버한 수익률이 연 5% 이상 되게

변액보험에 가입하는 주목적은 저축형이든 연금형이든 보장을 받기 위함이 아니라 장래 일정 시점에 투자수익 극대화이므로 장기재테크의 열쇠는 물가상승률을 커버하는 수익을 올리느냐이다.

즉 인플레 헤지 기능 극대화가 관건이므로 조정수익률에 기초를 두고 컨설팅하며, 조정수익률로 환산한 실질수익률이 극대화되게 펀드수익률의 변화추이를 예의주시하면서 적기에 갈아타도록, 일정시점에서 찾을 때 적립금액이 가장 많이 발생하도록 지속적으로 펀드 포트폴리오 리밸런싱을 해야 한다.

선택한 상품의 펀드운용 실적이 저조하여 투자수익은 발생하지 않더라도 물가는 매년 상승함을 유념하면서 컨설팅에 임한다. 물가상승 폭이 현재 은행의 정기예금을 상회하는 수준인 연 4%대임을 간과해선 안 된다.

따라서 고객이 선택한 펀드운용실적이 연 4% 이상의 투자수익을 발생시켜야 고객의 시드머니 가치하락을 막을 수 있으며 또한 장래 목적자금을 적기에 확보할 수 있다. 그러나 4%대로는 본전치기라고 설명하면서 더 높은 수익을 내야 함을 조정수익률로 계산한 도표를 제시하면서 설득한다.

10년 이상 장기적으로 펀드투자하면 보험사 변액보험의 펀드자산 운용실적은 평균적으로 시장수익률(은행 정기예금 금리)을 상회하는 기대수익(anticipate benefits)이 발생하여 고객에게 돌아감을 미국 등 선진국의 데이터를 보여주면서 합리적으로 설득한다.

변액보험 컨설팅을 할 때에는 인플레 헤지 기능이 있는 이유를 전문가답게 설명하고 펀드투자수익률은 꼭 물가상승률을 반영한 조정수익률을 기초로 하여 설명한다.

펀드재테크 파이 키우는 처세술을 익혀라

> 펀드투자에서 포트폴리오 경영의 핵심은 분산투자가 아니라 사후관리이다.
> – 윌리엄 오닐(William J. O'Neil)

무조건 추가납입을 유도해 고수익을 올려야 한다

변액보험은 펀드상품 속성상 가입(주식편입 비율이 높은 종목 선택시) 후 주가상승의 랠리 현상이 지속적으로 이루어져 저절로 고수익이 나면 좋겠지만 주가하락이 지속되거나 펀드변동성이 심할 때에는 손해의 폭이 클 수밖에 없다.

즉 변액보험관리사는 자격증 명칭대로 '변액보험은 가입이 중요한 게 아니라 사후관리가 더 중요' 하므로 가입 이후 관리를 잘해 고객에게 이익이 더 많이 가게 만들어야 한다.

고객에게 이익이 더 많이 주어지도록 재테크 파이를 키우는 가장 효율적인 방법은 보험료 추가납입 권유이다. 추가납입은 고객의 돈의 가치를 상승시키는 가장 좋은 방법이다.

매월 해당 약관의 상한폭까지 추가납입이 이루어지면 수익률 차이는 그 어떤 펀드의 간접투자상품보다 크다. 이유는 일반펀드에 비해 변액보험의 펀드수수료가 훨씬 작아 기간이 경과할수록 펀드와 변액의 수익률 차이가 발생하기 때문이다. 펀드상품은 수수료가 평잔을 기준으로 복리형식으로 눈덩이처럼 불어나 장기투자에 적합하지 않음을 부각시킨다.

따라서 현재 시점에서 고객에게 가장 알맞은 변액보험료 규모를 정해 재무플랜을 하면서 수익과 라이프스케일이 점점 커짐을 감안해 반드시 제2회 보험료 납입 때부터 추가로 보험료를 불입하도록 조언해야 한다.

특히 기본보험료와 추가보험료의 원리를 설명하면서 추가보험료는 사업비가 거의 발생하지 않아 고객의 수익으로 환원됨을 강조한다. 추가보험료 납입 권유가 오직 고객을 위한 배려임을 진솔하게 알리면 고객 마음의 포지셔닝을 한층 쉽게 얻을 수 있다.

수익률만 원하면 피보험자는 여성 또는 저연령자로

변액보험은 피보험자의 나이가 많을수록 수익률이 떨어지게 설계되어 있다. 상품은 대부분 위험보험료 산출시 평준보험료를 기준으로 하는데 변액보험은 초기수익률을 보전하기 위해 자연보험료방식으로 산출하므로 나이가 많으면 위험보험료가 상대적으로 많아져 수익률이 떨어진다. 그러므로 고객의 나이가 한 살이라도 젊었을 때 보험료를 많이 불입하라고 권유하는 것이 고객에게 훨씬 이익이다.

단순 재테크 목적으로 가입하는 고객에게 피보험자는 가능하면 15세 이상의 어린 자녀로 하라고 권유한다. 그렇게 해야 통장 대물림도 가능하여 일석이조 효과를 고객에게 안길 수 있다. 또 가장인 남편이 종신보험을 가입한 상황이면 피보험자는 여성으로 해야 투자수익률을 더 많이 올릴 수 있음도 주지시킨다. 그 이유는 모든 보험상품은 경험생명표를 근간으로 개발하는데 이때 가장 중요한 요소가 생명표와 사망표이기 때문이다.

보험상품에서 남성과 여성의 보험료가 차이 나는 것은 여성의 평균수명이 남성보다 훨씬 길기 때문인 것도 알린다. 여성보다 평균수명이 짧은 남성은 나이 들수록 사망할 확률이 더 높아지므로 자연보험료를 적용한 위험보험료의 크기가 매우 커져 상대적으로 펀드에 투입되는 특별계정보험료 크기가 줄어든다. 그렇게 되면 자연적으로 적립금액이 불어날 시드머니가 커지지 않으므로 수익률이 기대만큼 올라가지 않는다.

그러나 여성은 남성보다 평균수명이 길어 사망 확률이 상대적으로 낮아지므로 똑같이 나이 먹더라도 보험료에서 차지하는 위험보험료의 비율이 작아 특별계정투입금액이 많이 줄지 않으므로 남성보다 수익률이 더 높다. 남성과 여성의 수익률 차이는 경과기간이 길수록 더 발생하므로 반드시 알려준다.

주가하락에 따른 세 가지 로드맵 제시

고객이 변액보험상품에 가입할 때 가장 주저하는 부분은 주가변동성에 따른 실질수익률 하락이다. 경제트렌드는 장기는 어느 정도 예측 가능하지만 단기는 알 수 없으므로, 고객은 장기투자상품인 변액보험에 가입했어도 시장변동성에 매우 민감하다.

펀드 종목을 선정할 때 재테크 목적이라면 당연히 주식형이나 인덱스형 등 주식편입비율이 높은 펀드를 선택하므로 주가하락이 이어질 경우 효율적으로 대처하는 펀드 포트폴리오 리밸런싱 기술로 재테크 파이를 키워주면 이보다 더 좋은 로열티 향상 방법은 없을 것이다.

따라서 주가 하향추세가 당분간 지속될 것이라고 전문가들이 진단했을 때에는 손해의 폭을 줄이면서 이익이 되게 하는 방법을 모색해야 한다. 변액보험의 매력은 주가가 하락해도 위험손실을 줄이고 경우에 따라 펀드보유좌수를 늘려 수익효과를 볼 수 있다는 점이다. 매월 정기적으로 매입하는 펀드매입비용에 대한 분산투자효과(diversification effect)가 발생하기 때문이다.

주가하락으로 고객 투자자금에 손실이 발생할 때 이를 줄이기 위한 방법은 크게 세 가지이다.

첫째, 주가가 하락할 당시 추가보험료납입제도를 이용하여 재빨리 추가납입하게 하면 평균매입단가를 낮추어 펀드매입비용 평균화효과, 즉 코스트 애버리징 효과(Dollar Cost Averaging Effect)가 나타난다.

둘째, 보험계약대출금을 받아 활용하는 방법이다. 변액보험의 경우 주가 하락 전 보험계약대출금을 최대한 많이 받은 다음 주가가 상승했을 때 상환하면 이익을 더 많이 가져다준다(이 부분은 필자가 쓴 《적립식 펀드와 변액유니버설보험으로 고수익 올리기》 참조).

셋째, 펀드변경이다. 주가가 지속적으로 하향추세라면 곧바로 펀드변경을 권유한다.

부활과 상환시점 포착해 펀드매입좌수를 늘려준다

'홍길동은 사업이 안 돼 가입한 변액보험을 어쩔 수 없이 실효(효력상실)시켰다. 그러다가 사업이 잘돼 빌린 돈도 갚고 변액보험도 부활시키려고 담당설계사에게 문의하지도 않고 보험사에서 가서 부활시켰다. 홍길동의 처신은 바람직한가?'

변액보험을 가입한 고객에게 약관대출 후 상환이나 실효 후 부활할 경우 사전에 알려달라고 하는 것이 고객을 위한 맞춤서비스이다. 부활하거나 약관대출금 상환은 보험료 추가납입과 같은 맥락이므로 펀드기준가가 가장 많이 떨어진 시점을 포착하여 하는 게 투자의 정석이다.

따라서 상환(부활)할 때 조금이라도 더 이익을 보고 싶으면 언제 해야 좋은지 보험컨설턴트에게 꼭 문의하라고 당부한다. 당신은 그런 요청에 대해 펀드재테크 기술을 발휘하여 시의적절하게 펀드보유좌수를 늘려주는 재테크 센스를 보여야 한다.

고객의 변액보험계약 변동사항을 알려주는 계약안내장이 고객에게 도착한 다음에는 곧바로 고객을 방문하여 부활 또는 상환으로 펀드보유좌수가 늘어났음을 알리면서 당신에게 고마운 마음이 들게 하는 것이 중요하다.

다양한 자산운용 옵션과 메리트 주지

　어느 적립식펀드에도 없는 변액보험만의 다양한 자산운용 옵션과 보험상품 특유의 각종 메리트를 알리면서 유효적절하게 활용하도록 권유한다. 그러면 가입 초기 해약환급률이 많이 떨어져 중도 해지를 염두에 두는 불상사는 없어질 것이다.

　또 10년 이상 장기투자하더라도 지루하여 유지를 고민하거나 자금 여력이 없어 해약하는 불상사도 안 생길 것이며, 펀드기준가 변동성으로 인한 위험손실을 염려하여 환매를 고민하는 일도 없을 것이다. 이로써 시드머니의 미래가치 창출 여부에 대한 불안감은 상쇄되어 목표자금 완성이라는 방점을 찍을 수 있다.

　비록 사업비 부과폭이 크고 보험특성상 위험보험료 등 추가비용이 많이 지출되어 초기 펀드투입금액은 작지만 펀드수수료 후취 규모가 적립식펀드보다 훨씬 작아 장기투자할수록 시드머니의 가치가 더욱 빛을 발하는 상품임을 인식시킨다.

　10년 이상 장기투자할 요량이라면 이 기회에 장기적으로 안정된 수익을 얻고, 자금의 적기활용과 덤으로 직접투자 묘미까지도 만끽할 수 있는 변액보험 선택이 현명한 재테크임을 알려준다. 단, 이런 재무클리닉은 펀드 재테크 파이를 키워줄 전문가로 거듭날 때 가능하다.

리크루팅은 최고의
영업 활력소

> 당신이 배를 만들고 싶다면 목재를 가져오게 하거나, 일을 지시하고,
> 일감을 나눠주는 일은 하지 마라.
> 그 대신 그들에게 저 넓고 끝없는 바다에 대한 동경심을 키워주라.
> – 생텍쥐페리(Antoine de Saint-Exupéry)

리크루팅은 필요충분조건

한 사람의 힘보다 전체의 힘을 모았을 때 성과가 오르는 것은 당연하다. 간혹 리크루팅(recruiting)이라 하면 강 건너 불구경하듯 쳐다보는 보험컨설턴트도 있다. 리크루팅의 주체는 영업리더이고 신계약 체결의 주체는 보험컨설턴트이다. 점포는 하나의 공동운명체요, 내가 머문 점포가 커져야 내게 돌아오는 파이도 더 커진다.

"아니, 파이가 왜 더 커지냐고?" 점포를 운영하는 데는 운영비(경영비 포함)가 든다. 이 금액을 산정할 때 비중을 가장 크게 차지하는 것이 조직력과 업적력이다. 업적은 조직이 더 많아야 굴곡 없이 이루어지므로 리크루팅이 잘되면 업적도 늘어나 점포 운영비는 그에 비례하여 더 많아진다. 그러면 리더는 이를 분배하고 활용하는데, 많은 부분이 시책비, 회식비, 이벤트비 등으로 들어간다.

리크루팅하면 조직시책비를 받고 점포 확충에 따라 모든 조직원이 수혜를 더 받으므로 나도 좋고 점포도 좋고 다른 FC에게도 좋은, 그야말로 보험의 기본원리인 상생의 정신을 실천하는 셈이 된다.

자기충전과 성장에 좋은 기회

리크루팅을 하면 느슨해진 나를 일으켜세워 더 좋은 모습으로 더 크게 성장하는 길을 열어준다. 신인이 오면 출근시키기 위해 자신이 모범을 보여야 하고 신인 앞에서는 소극적인 말과 태도를 삼가게 되어 근무태도가 좋아진다.

세일즈 활동에서 어려움이나 갈등이 있더라도 내색하거나 포기하는 일이 없으며 다른 FC와 비교해 자기관리에 박차를 가하게 만든다. 또 더 큰 꿈을 실현할 기회와 승진할 기회가 주어진다.

"가르치는 것은 두 번 배우는 것이다"라는 말이 있듯이 신인을 유치하여 지도하고 가르치려면 유치자 자신의 노력과 인격수양이 선행되어야 하기 때문이다. 신인을 도입·육성하는 동안 자신의 인격과 지식, 판매기술은 물론 지도력이 향상되어 수입이 늘고 관리자로서 승진도 빨라진다.

소득이 향상된다

신인을 데려오면 자기 땅을 빼앗긴다고 생각하는 경우가 많다. "내 시장과 겹치기 때문에 리크루팅을 안 한다"라는 경우도 있는데 이는 잘못된 생각이다. 내 땅과 남의 땅은 엄연히 다르다. 리크루팅 후보자의 땅은 따로 있다. 자연연고가 모두 다 비즈니스 연고화되지 않는 현실에서는 아무리 친인척 관계라 해도 내 단골고객이라고 장담할 수 없다.

신인을 따라다니다 보면 신인에게 용기를 주기 위해 자신이 의욕을 보여야 한다. 신인 앞에서는 소극적이 되지 못한다. 나를 믿고 나온 신인 앞에서는 적극적으로 고객을 대해야 하기 때문이다.

반대로 신인의 왕성한 의욕과 계약체결은 유치자를 자극한다. '신인도 저렇게 하는데 나도 해야지' 하는 마음이 그동안 찾아가지 못했던 고객에게도 가게 만들어 자연히 소득도 올라간다. 특히 신인소득이 증가할 경우 선의의 경쟁자로서 지지 않으려고 더 열심히 하므로 활동기반이 더욱 공고해져 경기 흐름에 따라 업적이 들쑥날쑥하지 않게 된다.

세일즈 기술 향상

영업활동을 하다보면 누구나 시행착오를 겪기 마련이다. 직접경험은 시일이 오래 걸릴 뿐만 아니라 좌절하기도 쉽다. 그러나 동료가 많을수록 실패담이나 성공사례를 다양하게 듣고 선험적 인지 아래 더 많이, 더 빨리 배울 수 있으므로 시행착오를 줄여 빨리 성장할 수 있다. 또 리크루팅을 하면 선배로서 가르쳐야 한다. 가르치면서 그간 소홀히 했던 KASH법칙을 재정립하는 계기가 되어 영업활동력이 강화된다.

신입사원은 의욕과 열정이 대단할뿐더러 방문할 곳도 많지만 아직 자신이 없어 여러모로 유치자에게 동행을 요구하게 된다. 동반활동지도를 하다 보면 화술이 늘어 설득력이 높아져 일이 즐거워지고, 활동량이 증가하여 표준활동이 습관화된다. 특히 신인을 동반활동지도하다보면 거절에 대한 부끄러움이 없어지고 오뚝이 같은 용기가 생겨 저절로 어깨에 힘이 들어가 당당해진다. 자생력이 생겨 일에 보람을 갖게 되고 더욱 매력적인 나만의 아우라가 창출된다.

점포의 주인은 보험컨설턴트

점포장은 샐러리맨이므로 때가 되면 떠난다. 단적으로 리더가 조직 확충에 열을 올리는 이유는 목표에 대한 압박감과 메리트 시스템에 따라 업적평가와 인사고과를 잘 받기 위함이라고 할 수 있다.

그러나 보험컨설턴트는 세일즈맨이므로 업적에 특별한 하자가 없는 한 그 자리에서 정년 없이 일할 수 있는 점포의 주인이다. 길지 않은 인생에서 몇 십 년 동안 얼굴을 맞대고 허심탄회하게 대할 지기를 유치하는 것은 주인의 기본 도리요, 삶의 커다란 윤활유이다.

상생의 정신은 덤

신계약을 아무리 잘해도 리크루팅을 못하면 언젠가는 외톨이 신세로 전락하고 만다. 리크루팅을 하면 피유치자가 대화 상대가 된다. 조직에서 외톨이가 될 때의 설움은 일의 성과보다 더 크게 다가올 때가 있다. 직업 특성상 스트레스가 많으므로 진실한 친구, 대화의 동반자가 조직 내에 반드시 필요하다. 또 내 식구가 많아야 의무와 책임과 권한과 명예가 따른다.

> 보험컨설턴트가 좋은 10가지 이유-리크루팅 후보자에게
> 보여줄 FC의 비전

1. Free to Work 근무시간에 제약받지 않고 장기적으로 번창할 사업이다.
2. Profession 인생재테크를 컨설팅하는 전문적이며 지적인 직업이다.
3. Lifetime Learning 일생 동안 배우는 평생 직업이다.
4. Commission 자신이 만든 결과에 따라 보수를 얻는 고소득 직업이다.
5. Honest Business 신뢰로 일이 성사되고 마무리되는 정직하고 성의가 담긴 직업이다.
6. People Business 돈을 남기는 직업이 아니라 사람을 남겨 돈이 따라오는 직업이다.
7. Build Clients 고객을 스스로 찾고 넓히는 풀 영업을 한다.
8. Pride of My Job 가족의 행복망을 구축하는 자랑할 만한 가치지향적 직업이다.
9. Perfect Product 가족 사랑의 전도 역할로 사회에 공헌하는 미래상품을 제공한다.
10. Opportunity Choose My Course FC뿐 아니라 매니저로 발전할 길이 열린 직업이다.

♣ 톱 에이전트가 전하는 성공 노하우

나는 사람들에게 이렇게 말한다. "내기를 걸까요? 저는 당신이 거는 것의 10배를 무조건 걸겠습니다. 우리가 하는 일보다 더 좋은 사업을 제게 보여준다면…."
생각해보라. 우리 일은 자본이 필요하지 않으며 그 어떤 것도 미리 갖고 있을 필요가 없다. 우리는 사람들에게 단지 말을 하면 된다. 사람들에게 다가가 그들의 문제를 해결하게 돕는 것이 우리 일이다. 이 일을 시작하는 에이전트에게 무엇보다 들려주고 싶은 말은 우리 일에 자부심을 갖고 일과 사람에 빠지라는 것이다.

– 메이디 파카르자데(Mehdi Fakharzadeh)

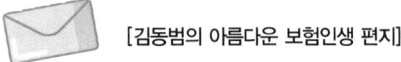 [김동범의 아름다운 보험인생 편지]

나는 당신이 있어 참 행복합니다

전문가로서 매력을 발산하며 격조 높은 말씨와 상대방을 헤아리는 드넓은 가슴으로 나와 가정의 삶을 늘 반석 위에 올려놓으려고 애쓰는 당신이 곁에 있어 행복합니다.

삶의 무게로 힘겨워할 때 따사로운 눈빛을 드리우고 더 나은 내일을 위해 어깨를 다독이는 당신이 있어 나는 행복합니다.
내게 어려운 일이 생길 때마다 달려와 인도해주는 당신이 있어 그래도 마음이 놓입니다.
내 기쁨을 더 많이 기뻐하고 함께 나눌 수 없는 고통에는 안타까움 전하는 당신이 있어 늘 행복합니다.

가족보다 더 소중한 것은 없음을 일깨우며, 나의 존재 이유를 새삼 깨닫게 해 행복이 가정 안에 있음을 알려주는 당신 덕분에 가정에 온기가 스며들어 참 고맙습니다.

삶의 귀퉁이에서 우연히 만났어도 예사롭지 않은 우리 인연,

수백억 광년을 돌아 무한대분의 일의 확률로 만난 우리,
잠시 만나 내 볼일만 보는 얌체로 머물다 섭섭하게 가지는 말았
으면 좋겠습니다. 언제나 내 인생에 도움이 되는 등불이면 좋겠
습니다. 우리 인연이 필연으로 이어지길 바랍니다.
우리 가정에 재정위기(financial crisis)가 닥치지 않게 지켜주
는 당신이 있기에 나는 행복합니다.

점점 나 아닌 다른 사람의 마음을 헤아리려 하지 않는 세상의 어
지러움 속에서도 나를 죽마고우나 가족처럼 여기면서 살갑게 맞
아주고 카운슬러가 되어주는 당신이었으면 합니다.
소중한 이여!
내 인생에 먹구름 끼지 않고 삶이 빛나도록 수를 놓아주오.

Part 6
충성고객 확보하여 평생 톱이 되는 비법

● **보험세일즈 성공 명언**

톱 세일즈맨이 되는 비결은 고객과 커뮤니케이션하여 충성고객을 확보하는 것이다.

– 세스 고딘(Seth Godin)

유망고객 충성화가
영업성공 가름

> 성공적인 세일즈맨이 되고 싶으면 무엇보다
> 먼저 확실한 유망고객을 찾는 능력부터 길러야 한다.
> – 프랭크 베트거(Frank Bettger)

유망고객 확보 게으르면 톱의 길 갈 수 없어

몇 년 전 미국생명보험마케팅연구협회(LIMRA)는 다년간 심층적으로 조사한 세일즈 결과를 발표한 적이 있다. 상대적으로 세일즈 능력이 있으면서도 중도에 탈락한 보험세일즈맨들에게 "판매 활동 중 가장 어려웠던 것은 무엇인가?"라고 질문했더니 다른 질문에 대한 대답치보다 3배나 높고 많았던 대답은 '유망고객의 발견'이었다.

그리고 그들은 "언젠가는 유망고객이 더 필요하겠지만 현재는 만나면 보험상품을 가입해줄 사람이 너무 많다. 이 사람들을 모두 만나 보험을 가입시킬 때까지 유망고객 발견에 애쓸 필요가 없을 것 같다"라고 스스로 만족하더라는 것이다.

그러나 결과는 그런 사람들을 방문하고 가입하게 하는 동안 그 많고 많던 유망고객이 하나, 둘 소멸되고 어느 시점에 '아차!' 하며 고객을 하나, 둘 붙들고 늘리려고 했을 때는 막상 갈 데도, 갈 곳도 없고 덩달아 실적도 부진하여 동료의 얼굴을 대할 수 없었다고 한다. 이는 조기 탈락되거나 성적이 부진한 보험컨설턴트에게서 어김없이 나타나는 일반적인 현상이다.

LIMRA는 "환경과 여건에 따라 차이는 있으나 끝까지 살아남으려면 적어도 100명 이상의 유망고객을 계속해서 확보해야 하며, 유망고객이 50명이 안 될 때는 아무리 고액계약자를 데리고 있어도 종국에는 죽고(탈락)만다"라고 단정지었다.

유망고객은 보험컨설턴트의 자산

일본 세일즈업계의 신화 같은 존재 하라 잇베이(原一平)는 한 달 가운데 25일은 고객 정보조사와 유망고객 배양에 힘쓰고, 실제 보험계약을 체결하기 위해 활동하는 날짜는 5일밖에 안 된다고 한다. 이 25일 동안 돌린 명함이 자그마치 1,000장이었다. 그가 45년 동안 보험영업을 하면서 보유했던 유망고객 카드가 무려 2만 8,000장이었다.

그는 유망고객 카드를 세밀하게 분류하여 과학적이고 체계적으로 꾸준히 관리한 결과 후세에 이름을 떨치는 보험세일즈맨이 되었다.

세계적 석학이며 경영학의 대가인 피터 드러커가 "세일즈의 목적에서 올바른 정의는 단 하나밖에 없다. 그것은 고객 창조이다"라고 했듯이 보험컨설턴트에게 성공을 낳게 하는 가장 중요한 요소는 유망고객이다.

유망고객은 보험컨설턴트의 가장 큰 자산이므로 이들을 얼마나 많이 확보하여 가족화하고 협력고객, 단골고객으로 양성하느냐가 성공의 열쇠이다. 특히 기계약자는 보험컨설턴트의 제1호 보물과 같다. 이들을 통해 새로운 유망고객을 창출해야 한다.

기존고객을 확실히 관리하면서 비즈니스 연고고객을 가족화하고 자연 연고고객을 비즈니스 고객화하면서 이들을 통해 소개확보의 물꼬를 트는 끊임없는 유망고객의 기반확대가 보험영업 성공을 가름한다.

유망고객을 비즈니스 고객으로

세계적인 마케팅 전문가 세스 고딘은 "톱 세일즈맨이 되는 비결은

고객과 커뮤니케이션하여 충성고객을 확보하는 것이다"라고 했다. 날마다 사람을 많이 만나지만 이들을 어떻게 나의 비즈니스 연고로 만들어 신규고객화하느냐가 열쇠이다. 고객들이 자연스럽게 나를 따르게 (follow me) 만들어야 한다.

  고객이 나를 따르게 만들려면 만날 고객 명단을 잘 작성하는 데서 출발해야 한다. 기존고객으로 등록되지 않은 사람들을 비즈니스 고객화하기 위해 오연(五緣)전개의 법칙에 입각해 ① 지연(地緣), ② 혈연(血緣), ③ 학연(學緣), ④ 인연(隣緣), ⑤ 사연(社緣)에 따라 분류한 후 이들의 성향파악과 함께 어필할 접근화법을 세부적으로 만들어 활용한다.

그러면 자연스럽게 비즈니스 연고화로 지속적으로 신규고객을 만들 수 있다.

20세기에 가장 성공한 보험에이전트로 인정받는 노먼 레빈(Norman Levine)은 보험사에 들어가기 전 오랫동안 터득한 각종 판매업의 세일즈 기술에 보험영업 기술을 접목해 해마다 'Top Sales Agent'로 선정되는 등 우수한 성과를 올렸다.

노먼 레빈에게는 그 누구보다 유망고객 확보가 성공을 가름한다는 영업철칙이 있었다. 유망고객을 어떻게 관리하는지 그가 제시한 명쾌한 해법을 보자.

"당신 생각에 고객은 이러이러해야 한다고 전제를 두지 마라. 그러한 전제는 잊어버려라. 당신의 역할은 고객들에게 그들이 원하는 바를 이룩하게 돕는 일이지 당신 생각에 그들이 이룩해야 한다고 전제한 것들을 강요하는 것이 아니기 때문이다. 나는 세일즈할 때 유망고객이 원하는 것이 무엇인지 듣기 위해 그곳에 있다고 생각한다. 나는 유망고객을 변화시키기 위해 애쓰는 사람이 아니다. 단지 내가 할 수 있는 것은 유망고객을 앞으로 나와 함께 일하게 될 고객으로 받아들이는 것이다."

서포터스는 영업성공의 초석

> 영업은 결국 한 가지, 오직 한 가지로 귀결된다. 그것은 사람을 만나는 일이다. 밖에 나가서 하루에 네댓 명의 사람들에게 자신의 이야기를 정직하게 할 수 있는 평범한 사람이라면 그는 영업에서 성공할 수밖에 없다.
> – 월터 탈보트(Walter Talbot)

세일즈 도우미는 반드시 필요하다

작가이자 광고회사 경영자였던 조지 매튜 애덤스(George Mattew Adams)는 "나는 머리만 쓰는 것이 아니라 내가 빌릴 수 있는 머리도 쓴다"라고 했다.

일을 하다보면 능력이 탁월한 사람도 혼자서는 일을 해결할 수 없음을 실감한다. 처음부터 끝까지 혼자 일을 완결할 수는 없다. 단, 어떤 일을 하느냐에 따라 남이 도와줄 범위가 다르게 표출된다. 판사, 의사 등 전문가들도 혼자서 일을 많이 처리할 능력이 있다 해도 깨끗한 완결과

하자 없는 매조지를 위해서는 반드시 다른 사람의 협력을 받아야 한다.

보험컨설턴트는 어떨까? 두 손이 마주쳐야 소리가 나듯이 고객이 없으면 일 자체가 아예 성사되지 않는다. 그렇지만 능력과 고객이 있다고 모두 잘 되는 것은 아니다. 우량고객을 얼마나 지속적으로 증가시키면서 많이 확보하는지에 따라 다르다.

세계적으로 성공한 톱 세일즈맨 가운데 혼자서 고객을 발굴하고 신규고객화하는 사람은 단 한 명도 없다. 그들에게는 계약을 체결하게 물심양면으로 돕는 세일즈 도우미인 협력자, 즉 서포터스가 반드시 있다. 바로 그들이 당신의 세일즈 인생을 활짝 열어줄 소중한 협력자이다.

세일즈 도우미를 만드는 사업가적 기질

지금은 프리 에이젠트(Free Agent) 시대이다. 보험컨설턴트는 단순한 판매자가 아니라 1인 기업을 경영하는 CEO이다. 보험상품만 판매하는 세일즈맨이 되려면 혼자 영업해도 무방하다. 그러나 그 이상 성장은 불가능해져 그저 조직의 일원으로 남아 조직의 흐름에 몸을 맡길 수밖에 없는, 수동적 세일즈 인생을 살아갈 수밖에 없다.

사업을 하는 비즈니스맨이 되면 현재의 자신을 넘어 원하는 사업가로 성공할 수 있다. 머문 조직의 머슴(?)이 아니라 주인행세를 하면서 자신의 꿈을 펼치는 당당한 모습을 보여줄 수 있는데, 그 방법은 세일즈 도우미인 협력자를 가능한 한 많이 확보하고 양산하면 된다.

세일즈맨과 비즈니스맨의 차이점은 무엇일까? 세일즈맨은 남이 시키는 대로 머슴인생을 살면서 혼자 영업하는 사람이고, 비즈니스맨은 자신이 영업의 주체가 되어 영업을 전략적으로 행하는, 즉 철저한 손익분석을 토대로 세일즈하는 사람이다.

따라서 현재 보험세일즈맨으로 고객이 인식하는 모습을 비즈니스맨으로 인식하도록 완전히 탈바꿈하려면 보험상품 판매를 적극적으로 돕는 협력자를 반드시 만들어야 한다.

고객을 세일즈 도우미로 만들어야 진정한 사업가 냄새가 풍겨 일이 즐겁고 영업에 활력이 넘치며 소득이 배가된다. 혁혁한 업적을 남긴 보험판매왕들의 이면에는 그들을 돕는 세일즈 도우미인 서포터스가 있었다. 서포터스 없는 영업은 보통은 될 수 있어도 최고는 될 수 없다.

더 나아가 협력자를 키맨이나 멘토로 만들어야 더 큰 성공을 이룰 수 있다. 톱이 되려면 유망고객을 많이 발굴하고 고객 로열티를 향상시켜 협력자로 만들어야 한다.

확실한 서포터스를 확보하기 위한
Compliance Action Planning 5Tips

01 서포터스 없이는 보험판매왕에 등극할 수 없음을 명심한다.
서포터스 없이는 보험판매왕이 될 수 없음을 명심하고, 누가 서포터스로 가장 좋은지 협력자 발굴, 선정, 협력기반 조성에 전력을 기울인다.

02 기존고객 가운데 고액계약자, 장기유지계약자, 유력인사 등을 방문하여 인간관계를 개선하고 협력 기반으로 육성한다.
기계약자를 이미 잡은 고기(?)로 생각해서는 절대 안 된다. 잡은 고기에게 먹이를 주어 새끼를 낳게 하는 정성을 쏟는 것이 이익을 더 많이 가져다준다.

03 서포터스의 집이나 상점을 만남의 장소로 활용한다.
관할지역 시장관리를 실천하고 관할지역 행사에 적극 참여하면서 서포터스의 집이나 상점을 휴식장소 또는 점심식사 장소로 활용한다.

04 서포터스와 유기적인 관계를 맺는다.
회사에서 발행하는 정기간행물과 봉사품을 활용하고, 서포터스에게 도움이 될 일이 무엇인지 항상 파악하여 관련 정보를 제공하거나 협조한다.

05 서포터스를 통해 계약을 체결하였을 때 반드시 답례하여 소개확보로 제2, 제3의 협력을 유도한다.
주말에도 고객방문이나 경조사 참여 등으로 영업활동을 한다. 고객을 콩나물시루에 물 주듯 정성을 다해 신뢰의 싹을 틔우고 가꾼다.

1,000명 이상 확보,
연봉 2억 원 이상

> 한꺼번에 많은 고객을 발굴하기보다 그들의 고객으로 되거나
> 더는 설득할 가치가 없다고 생각할 때까지 인내와 열정을 갖고 일하라.
> – 클라우드 스터블필드(Claude Stubblefield)

평생 톱이 되려면 1,000명 이상 확보하라

"보험컨설턴트로 성공하려면 확보한 고객 수는 몇 명이어야 할까? 몇 명이 있어야 머무는 조직에서 대접받고 평생 고소득을 올릴까?"

우리나라 억대 설계사들은 경력이 평균 8년 4개월로 1인당 보유고객은 710명이며, 매일 7명의 고객을 만나 상담하고, 19통의 전화통화를 하며, 8시간 이상의 영업활동을 하는 것으로 나타났다(한국경제 2008. 6. 10).

영국의 PCA생명은 보험에이전트로 성공하기 위한 전제조건으로 10

년 동안 꾸준히 유망고객을 발굴하여 유망고객 1,000명 확보를 목표로 매진하라고 조언한다. 그래야만 머문 일터에서 톱으로 올라 부와 명예를 움켜쥘 수 있다는 것이다.

간헐됨 없이 보유고객 1,000명 이상만 확보하면 경제사회에서 성공의 잣대인 고소득 직업인으로 안착할 수 있다. 월소득 2,000만 원 이상, 연봉 2억 원을 상회할 수 있다. 항상 톱 세일즈맨으로서 영업을 잘하여 평생 고객에게 사랑과 존경을 받을 수 있다. 유망고객의 점유율(Customer share)을 높여야 내 소득이 높아지는 지갑점유율(Wallet share)을 높일 수 있다.

따라서 앞으로는 이에 목표치를 두고 고객확보를 위한 길, 유망고객 발굴의 길, 고객관리의 길을 손품과 발품, 머리품은 물론 가슴품, 인품을 부지런히 팔면서 걸어가야 한다.

500명 확보해야 지속적 연봉 1억 원 가능

경력 5년차인데 확보고객이 500명이 안 된다면 하루빨리 500명 이상이 되게 노력해야 한다. 5년 후 보유고객이 500명이 되면 월 1,000만 원 이상(연봉 1억 원 이상)의 고소득을 올릴 수 있다.

이 정도의 고객만 확보하면 세일즈에서 롱런하면서 마감 때 쫓기지 않아도 된다. 특히 입사한 지 5년 이상 된 보험컨설턴트라면 당연히 500명 이상을 확보해야 한다. 그렇지 않으면 곤란하다. 고객이 500명이 안 되면 KASH법칙을 생활화하지 않고 뚜렷한 장기목표 없이 마감 위주로 영업했음을 뜻한다.

마감 위주로 영업하면 소득은 늘어날지언정 고객은 잘 늘어나지 않는다. 그런 영업행태는 결국 소득 저하로 귀결된다. 소득보다 더 중요한 것이 고객확보임을 알아두어야 한다.

세일즈맨의 우상이 되려면 2,000명 이상 확보해야

다른 나라의 보험에이전트와 우리나라 보험컨설턴트 가운데 자타가 성공한 사람이라고 공인하는 사람들의 면면을 살펴보니 대부분 보유고객을 경력 5년차는 500명 이상, 10년차는 1,000명 이상, 15년차는 1,500명 이상, 20년차부터는 2,000명 이상을 확보했다. 즉 해마다 100명 이상의 신규고객을 창출했다.

아직 보험선진국만큼 경력을 따라가지는 못하지만 우리나라에서 10년 이상 활동한 보험판매왕들은 모두 보유고객이 1,000명을 넘는다.

보험컨설턴트 근속기간별 월소득 발생추이(예시)

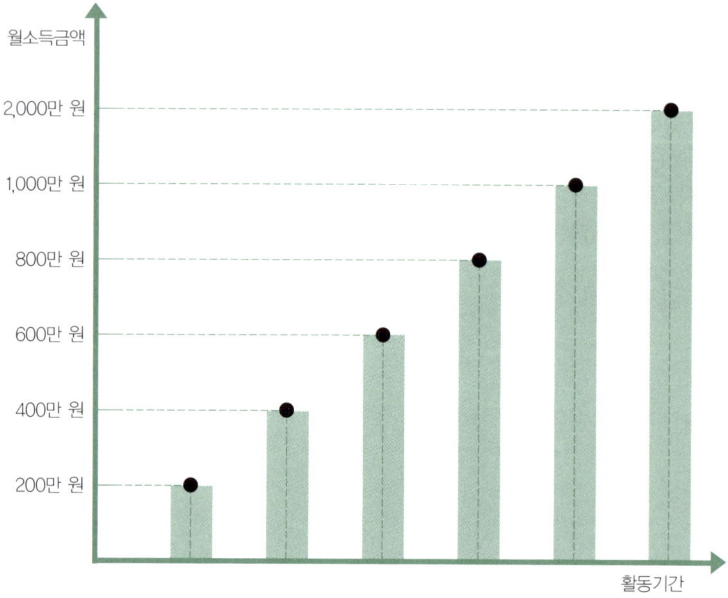

근속기간	1년	2년	3년	4년	5년	10년 이상
보유고객	120명	200명	300명	400명	500명	1,000명 이상
계속보험료 월수금액	1,200만 원 이상	2,500만 원 이상	3,500만 원 이상	5,000만 원 이상	6,000만 원 이상	1억 원 이상

※ 다만 신규고객 매월 10명 순증(신계약 10건), 수금률과 유지율 100%, 성적수당 분할지급(단, 상품별 환산성적 수당지급 형태, 취급상품, 소속보험사의 의무규정, 생손보 업종에 따라 차이 있음)

참고로 톱을 달리는 삼성생명의 예영숙 씨는 입사 10년차에는 고객이 약 1,000명이었고, 15년차에는 약 1,500명이었다. 입사 20년이 채 안

된 지금은 보유고객이 약 2,000명이다. 보유고객이 2,000명 이상이면 최우수 업적자에 대한 각종 혜택과 장기근속우대자로서 다양한 마일리지가 적용되어 연봉이 5억 원 이상 된다. 공교롭게도 필자가 제시하는 보험컨설턴트로서의 성공조건인 매년 유망고객 100명 이상 확보와 맞아떨어진다.

이와 같이 유망고객을 확보해야 'No. 1'이라는 칭호를 받는다. 영원히 세일즈맨의 우상이 되고 싶다면 보유고객 수를 해마다 100명씩 늘리고, 20년 동안 2,000명 이상 확보(자동차보험, 화재보험 등 갱신계약이 전문인 사람은 상대적으로 해당 상품의 환산 성적이 낮으므로 4,000명 이상)를 영업 아젠다로 삼아 매진해보자.

♣ 톱 에이전트가 전하는 성공 노하우
신규고객을 많이 그리고 빨리 확보하려면 가족과 직원을 책임져야 하는 사람, 결정할 수 있는 사람, 경제적으로 성장잠재력이 큰 사람을 발굴하여 유망고객으로 만들어야 한다. 이런 특징이 있는 사람을 찾아나서라.
— 브루스 에서링턴(Bruce Etherinton)

보유고객 1,000명 이상을 확보하기 위한
Compliance Action Planning 6Tips

01 보험컨설턴트의 실적은 유망고객 수에 비례함을 확고하게 인식한다.
자신이 목표한 소득에 걸맞은 기대치 이상의 유망고객 확보를 아젠다로 설정하고 달성하기 위해 매진한다. 소개마케팅을 생활화해 세일즈 도우미인 소개자 확보에 심혈을 기울인다.

02 평생 고소득 직업으로 만들기 위해 1,000명의 고객 확보를 영업미션으로 한다.
이를 위해 매월 순증 10명을 목표로 활동한다. TA(telephone approach) 실시→효율적 AI(approach interview) 실시→생산적인 PC(presentation & canvass) 실시가 간헐됨 없이 반복되게 영업을 생활화한다.

03 DB화한 고객을 세분해 치밀하게 관리한다.
평소 기재해놓은 고객카드를 오연전개의 법칙에 따라 세밀하게 DB화한 다음 철두철미하게 자신만이 아는 독창적인 방법으로 고객관리를 지속적으로 해나간다.

04 유망고객의 비즈니스 강화 정도를 심도있게 분석한다.
유망고객 카드마다 맨 처음 작성한 날짜를 기재하여 해당고객이 어떻게 신규고객화되고 협력자가 되고 소개자로 되는지 또는 탈락하는지 그 변화를 분석하면서 대책을 강구한다.

05 유망고객 가운데 협력자를 발굴하고 키맨을 만드는 데 전력을 기울인다.
기존고객과 자연연고 고객 가운데 협력자를 발굴하여 키맨화를 유도해 소개를 통한 신계약 체결이 이루어지게 한다.

06 체계적 CP를 만들어 CRM마케팅을 추진하여 보유고객 수를 늘린다.
고객관리를 체계적으로 하기 위한 DB를 토대로 고객유지계획인 CP(Conservatiion Program)를 만들어 CRM마케팅을 지속적으로 펼쳐 추가계약과 교차판매로 이끌어 보유고객 수를 늘린다.

매일 1명 이상 신규고객 만나
매월 10명 이상 순증

> 사람을 만나고, 또 만나고,
> 꾸준히 만나는 것이야말로 비즈니스의 성공 비결이다.
> — 밥 테웨스(Bob Tewes)

매월 10명 이상 순증 다짐

"나의 보험영업 좌우명은 '한 달에 10건의 청약서를 반드시 작성할 것. 결코 이보다 덜 해서는 안 됨. 정말 열심히 하면 반드시 달성할 숫자임'이다. 나는 70년 동안 영업하면서 한시도 이를 잊은 적이 없다." 미국의 유명 보험에이전트 클라우드 스터블필드의 말이다.

보험에이전트로서 성공하기까지 30여 년 동안 한 달에 10건의 계약을 체결한 미국의 존 로드(John Lord)는 '그날그날 해야 할 일을 달성하고 철저한 기록 관리가 영업성공의 비결'이라고 했다.

요즈음 생명보험업계 최고의 히트상품인 통합보험을 매월 17건 이상 계약하는 대한생명 김미수 SM의 성공비결은 15년 넘게 공장지역과 재래시장을 중심으로 매일 70~80명의 고객을 찾아다닌 노력의 결과이다.

영업을 길게 보고, 평생 영업한다는 각오로 매월 10명 이상, 매년 100명 이상 10년 동안 순증시킨다(신계약 건수가 아니다). 이 숫자는 보험컨설턴트로 확실하게 성공하기 위한 가이드라인이다. 매월 10명을 순증하려면 해당 월 신계약 건수는 최소한 15~20건이어야 한다. 실효나 만기 또는 갱신, 재계약, 리모델링 등이 있기 때문이다. 결코 쉽지 않은 숫자이지만 누구나 달성 가능한 목표치이기도 하다.

지금 즉시의 단편적 업적에만 매달리지 말자. 업적에 매달리면 고객이 돈으로 보인다. 어떻게 하면 고객을 많이 확보할지에 초점을 두고 실천한다. 고객확보에 매달리면 고객이 이웃이나 가족으로 보인다. 이 둘의 의미 차이를 잘 새겨야 한다.

날마다 1명 이상 비즈니스 고객으로 만든다

세일즈맨의 하루는 만남으로 시작해서 만남으로 끝난다. 특히 보험

컨설턴트는 사람을 만나야 성사되는 까닭에 다른 직업보다 사람을 많이 만난다. 그러나 그냥 스치는 만남이 아니라 진정 비즈니스로 만나는 사람은 그리 많지 않다. 즉 방문해서 상담하는 고객은 개척시장에서 잠깐 만남을 제외하고 하루에 10명쯤이다.

보험컨설턴트의 한 달 활동일수는 주5일 근무일 경우 공휴일을 제외하면 평균 20일이다. 그러면 한 달에 200명을 만나고 1년이면 2,400명을 만나는 셈이다. 물론 첫 만남보다는 중복적으로 만나는 안면고객이 대부분일 것이다.

보험계약을 한 건 체결하기 위해 고객을 만나는 횟수가 평균 6~7회이고, 또 매월 수금하고 정기적으로 방문하면서 사후서비스를 하려면 A급 유망고객은 한 달에도 수없이 방문할 것이고, 신규고객과 기존고객은 매월 정기적으로 1회 이상 만나야 할 것이다. 이것이 프로들의 기본 영업활동패턴이다.

이렇게 볼 때 연간 만나는 2,400명은 고객 개개인을 놓고 최소공약수를 산출하면 10%인 240명쯤이라고 할 수 있다. 즉 보험컨설턴트가 1년간 만나는 고객 숫자는 240명쯤이고 매월 만나는 고객은 20명 정도이다. 이를 다시 표현하면 처음 만나는 대상자는 하루에 한 명꼴도 안 된다는 것이다.

그만큼 만남의 대상자가 기존 고객과 그간 일군 안면고객에게 집중되어 있다. 따라서 만남의 폭을 넓히면서 고객 수를 늘려 고소득을 창출하려면 날마다 한 명씩 새로운 만남의 장을 마련해야 한다. 즉 하루에 한 명씩 신규고객을 만나는 계획을 세워 실천해야 한다.

신계약 체결을 위한 3 대 1 법칙

알프레드 그래넘은 가망고객 15만 명과 4만 5,000여 건의 정보를 분석한 결과 '성공적 에이전트는 자신을 믿고 이야기를 털어놓을 수 있는 고객 3명 가운데 1명을 신규고객으로 확보한다는 것'을 증명했다.

9명을 만나면 3명에게 계약을 체결하는 것이 신계약 체결을 위한 3 대 1 법칙이다. 날마다 1명씩 신규 만남을 하여 한 달 동안 20명을 만난다면 7건 정도의 계약을 성사시킬 수 있다는 의미이다.

따라서 새로운 만남은 매우 중요하며 또한 속내를 털어놓을 수 있는 진정성 있는 만남이 되게 신뢰를 구축해야 한다. 한 달 목표계약건수를 10건 이상으로 잡았다면 나머지 3건 이상은 기존고객을 통한 추가 계약이나 리모델링으로 해결하면 된다. 영업실적을 올리는 데 활동량은 가장 중요한 변수이다. 방문 횟수와 영업실적, 고객의 만남횟수와 영업실적은 항상 비례한다는 세일즈의 기본원칙을 가슴에 새기자.

♣ 톱 에이전트가 전하는 성공 노하우

보험에이전트의 하루 일과에서 가장 큰 부분은 사람을 만나는 것이다. 하루에 8시간 근무한다면 하루에 8시간을 사람을 만나 이야기하는 데 몽땅 써보라. 그러면 바로 첫해에 커미션 10만 달러 달성은 내가 보증한다. 특히 신인이 처음 몇 년 동안 주력할 일은 무조건 사람을 많이 만나는 것이다. 그 점을 명심하라.

— 메이디 파카르자데(Mehdi Fakharzadeh)

신규고객을 확보하기 위한
Compliance Action Planning 5Tips

01 연간 신규고객이 200명은 돼야 100명 이상 순증이 가능함을 인식한다.
기존고객 수성과 동시에 신규고객 순증이 이루어져야 평생 고소득 전문직업으로 안착할 수 있다. 신규고객 확보 전략을 세우고 세일즈 영업을 하는 동안은 매월 유망고객 수를 증가시키고야 말겠다는 각오를 불사른다.

02 날마다 1명 이상씩 백지고객과 만난다.
신계약 체결을 위한 3 대 1 법칙을 실천하기 위해 '매일 한 사람을 처음 만나겠다'는 목표를 세우고 아젠다를 설정한 후 밀고 나간다. 무조건 하루에 한 명은 기존고객이나 자연연고 고객이 아닌 낯선 고객을 만난다.

03 하루 실천할 세일즈 터치방법을 재량한다.
매일 한 명 이상의 고객에게 이메일을, 10명 이상의 고객에게 문자메시지를, 일주일에 3명 이상의 고객에게 DM을 보낸다. 매일 10명 이상의 가망고객에게 해피콜을 하고, 3명 이상의 고객을 발굴하여 콜드 콜을 한다.

04 누구에게나 호감을 줄 미소 띤 얼굴로 고객을 대한다.
일본 생명보험업계의 세일즈 귀재 하라 잇페이는 성공의 비결을 '미소'라고 정의했다. 얼굴에 늘 매력적인 웃음꽃이 피어나게 이미지를 관리한다.

05 고객의 심리 변화를 유도하면서 반응을 읽어 대처한다.
고객을 만날 때에는 첫 번째 만남에서 정보를 얻고 두 번째 만남에서부터 작성한 제안서를 추천하면서 상품을 설명한다.

감성마케팅으로
헤도니스트 효과를

> 결정의 90%는 감성에 근거한다.
> 감성을 동기로 작용시킨 다음 행동을 정당화하기 위해 논리를 적용하는 것이다.
> 따라서 고객을 설득하려면 먼저 감성을 지배해야 한다.
> – 로저 도슨(Roger Dawson)

고객을 배려하는 감성마케팅

고객이 상품을 구매할 때 자로 잰 듯 이성적으로 판단하면서 구매할까? 아니면 감성에 치우쳐 구매할까? 맨 처음에는 이성적으로 생각하더라도 최종 순간에는 감성에 사로잡혀 구매할 확률이 훨씬 높다.

로저 도슨은 사람들의 구매심리를 분석한 결과 "고객이 상품 구매를 결정할 때에는 이성보다 감성이 앞선다"라고 했다. 로저 도슨은 "상품 구매 결정 요소의 90%는 이성이 아닌 감성에 좌우되므로, 고객을 설득하려면 이성이 아닌 감성을 자극해야 한다"라고 강조했다.

심리학자 대니얼 골맨(Daniel Goleman)이 "인생의 성공에서 중요한 요소는 냉철한 이성(intelligence quotient)보다 정서 안정(emotional quotient)이다"라고 했듯이 감성적 사고는 세일즈 성공에 매우 필요한 요소이다.

고객을 더욱 빨리 내 편으로 만들려면 고객의 머리와 눈에 호소하는 단순한 영업이 아닌 몸과 마음, 즉 감성과 이성을 동시에 공략하여 깊은 내면까지 만족시키는 영업을 해야 한다.

고객과 코드를 맞추면서 고객의 마음을 사로잡는 감성마케팅(emotional marketing)을 실천한다. 감성마케팅은 고객에게 다가가 이성보다는 감성으로, 마음(mind)보다는 가슴(heart)으로 컨설팅을 펼쳐 헤도니스트 효과(hedonist effect, 가격보다 고객 개개인의 감성 가치에 따라 소비를 자극하는 효과)를 불러일으키는 세일즈 기법을 말한다.

감성과 이성을 겸한 투 터치

다른 세일즈맨과 똑같은 방식으로 영업하면 고객 마음속의 포지셔닝(positioning)을 얻기 어렵다. 고객의 마음에 나에 대한 신뢰가 확실하게 자리 잡게 하여 다른 컨설턴트보다 비교우위에서 유리한 포지션에 있게 하려면 고객의 마음과 머리를 사로잡는 투 터치 영업으로 포지셔닝하는 것이 가장 효과적이다.

고객의 보험상품 가입과 사후만족도 결정과정에서 자로 잰 듯한 이성적 컨설팅보다 인간관계를 토대로 한 정겨운 감성적 컨설팅이 점점 중요하게 부각된다. 고객의 감성과 이성을 모두 만족시킴으로써 고객과 동화작용을 일으켜 포니셔닝을 확보하려면 이를 모두 충족하는 투 터치 기술을 익혀 실천해야 한다. 그래야 완전판매가 이루어진다.

고객의 마음을 사로잡으려면 DIY를 하라

감성마케팅은 편지, 이메일, 문자메시지, DM, 세일즈 터치 툴 등을 쓰임새가 높게 만드는 데서 출발한다. 남이 만든 것을 활용하면 효과가 반감된다. 각종 우편물, 이메일, 문자메시지, 전단지 등이 홍수처럼 쏟아지므로 남과 차별화되지 않는 감성 터치 툴은 그저 흔한 보험컨설턴트의 판매도구쯤으로 인식될 뿐임을 간과해선 안 된다.

이는 자기 집으로 배달되는 각종 우편물이나 시도 때도 없이 울리는 문자메시지, 컴퓨터의 수많은 광고성 메일 등에 대한 당신의 반응을 생각한다면 금세 알 수 있다. 감성 터치 툴로 활용하는 DM은 반드시 직접 만들어 고객에게 전하는 DIY(Do It Yourself)를 한다. DIY족이 되어야 전달하는 진정성이 받는 사람의 마음에 동화된다. 또 고객에게 감사의 선물을 줄 때에는 늘 차별화하는 정성을 기울인다.

CRM 서비스 구축

인터넷 툴을 세일즈 무기로 적극 활용하여 정적인 CRM마케팅을 펼쳐야 한다. 홈페이지, 블로그, 인터넷카페 등을 운영하면 실생활에 도움이 되는 정보를 고객에게 신속히 제공할 수 있다.

사이버 공간에서 비즈니스연고 고객뿐만 아니라 자연연고 고객과 불특정 다수의 새로운 고객에게 수시로 알리고자 하는 정보를 널리 알림으로써 레드오션 전략과 동시에 블루오션 전략을 펼칠 좋은 기회가 조성된다. 즉 인하우스 마케팅과 감성마케팅이 저절로 이루어져 영업 동선을 축소함은 물론 나만의 아우라를 고객들에게 보여줄 수 있어 일석이조이다.

특히 인터넷 공간은 시간 제약이 없어서 자신은 물론 상품과 서비스에 관한 정보를 언제든지 알려줄 수 있고, 고객 또한 언제든지 쉽게 접근할 수 있으며, 고객과 상호 대화채널을 가동할 수 있다. 새로운 정보를 수시로 업데이트하여 고객에게 알려줌으로써 이성과 감성을 모두 사로잡아 차별화된 프로이미지를 강력하게 부각시킬 수 있다.

> ♣ 톱 에이전트가 전하는 성공 노하우
> 진정으로 그들을 돕는 사람으로서 고객과 함께 보내는 시간에 먼저 투자하라. 고객 관계를 어떻게 친밀하게 만들까 하는 문제에 시간을 더 많이 할애해야 평생 보험에이전트의 길을 갈 수 있다.
> - 노먼 리바인(Norman Levine)

감성마케팅을 하기 위한
Compliance Action Planning 5Tips

01 감성마인드로 무장하여 감성마케팅을 펼친다.
사람은 중요한 순간에 이성적 판단보다 감성이 지배하므로 상품을 판매할 때에는 친밀감을 갖게 하는 것이 최우선이다. 그다음 상품의 니즈 환기와 구매 욕구를 불러일으키는 기술이 중요하다.

02 고객에게 마음으로 다가가기 위해 고객의 포지셔닝을 확보하는 차별화 작업을 지속적으로 실천한다.
고객 마음속의 포지셔닝을 얻으려면 남과 차별화된 마케팅전략이 수반돼야 한다. 그보다 먼저 자신만의 독특한 캐릭터, 즉 아우라 창출이 중요하다.

03 감성마케팅 터치 툴을 만들 때에는 DIY를 한다.
고객에게 전달되는 감성 터치 툴은 반드시 직접 만들어 상대방에게 감동을 줄 수 있게 한다. 특히 내용은 생활에 필요한 정보로 채워 고객에게 도움이 되게 만든다. 고객이 하루일과를 희망과 설렘으로 열게 문자메시지를 잘 다듬어 보낸다.

04 홈페이지, 블로그, 카페 등을 운영하여 프로다운 이미지를 강력하게 구축한다.
홈페이지에서 다양한 정보를 제공하고 고객들이 나에게 훨씬 쉽게 접근할 수 있게 도와준다.

05 고객과 가족 같은 마음을 공유하면서 인생재테크 동반자가 된다.
고객의 애경사와 승진, 발령 등에는 즉시 방문하거나 관련 DM을 보낸다. 상담할 때 고객의 마음을 살펴 자신을 고객에게 빙의되게 만든다.

고객감동과 로열티 향상을 위한
행복컨설팅

> 사람은 서로 의존해야 살 수 있는 존재이며
> 거기에 친절을 더하면 성공을 기대할 수 있다.
> 평생직업 의식으로 꼭 필요한 정보로 무장하여 지적이지만
> 금융교육이 필요한 고객을 열심히 돕는 것이 성공의 지름길이다.
> – 아델리아(Adelia)

고품격 가치와 사랑과 행복을 판다

세일즈는 단순히 상품을 파는 것이 아니라 구매 후 고객에게 상품의 효용가치와 함께 만족감, 행복감, 기쁨, 정서적 안정감, 구매충족감, 생활안심감, 우월감 등을 제공해주는 가치철학을 전달하는 일이다.

특히 보험세일즈는 이 위에 재정안정이라는 보장자산 확보, 인생재테크라는 연금자산과 생활자산 확보와 동시에 가족사랑, 이웃사랑이라는 심리적 카타르시스를 제공하는 것이므로 그 어떤 세일즈업보다 고차원적이다.

따라서 이러한 자세를 견지하면서 고객이 진실로 구매하는 상품의 니즈를 느끼고 효용을 인식하며 가치 만족을 하고 난 뒤 다른 사람에게도 자랑하면서 권할 만큼 계약자 마음을 사로잡아야 한다.

고객에게 연락할 때마다 보험을 팔려고만 하면 안 된다. 인생재테크를 알차게 해주는 인생 상담가가 되는 편이 서로 더 좋은 신뢰관계를 구축하고 친밀감이 소개확보로 이어져 보험을 더 많이 판매하는 계기가 된다.

차질 없는 보험서비스 추진

보험상품은 그 어떤 상품보다도 사후서비스를 중요시하는 미래지향적 신용상품이므로 고객서비스에 중점을 두는 것은 보험컨설턴트의 기본 임무라는 것을 늘 유념한다. 고객과 지속적인 관계를 유지해야 보험니즈가 있을 때 고객이 나를 떠올린다는 것을 인식하면서 보험가입 후에도 보험서비스는 계속 제공할 것을 약속한다.

따라서 고객에게 프레젠테이션할 때에는 반드시 보험계약 체결 후의 사후서비스는 가입한 보험상품의 향후 이익에 절대적으로 영향을 미침도 강조하여 자신을 믿고 가정의 재무설계를 맡길 수 있게 프로십과 신용을 쌓는다. 아무리 바빠도 기존 고객을 만나 가입한 보험에 자문하고 재무상태 점검 클리닉 서비스를 추진한다.

백금률 실천하여 감동과 행복 제공

보험세일즈는 상품의 가치뿐만 아니라 회사와 자신의 가치도 함께 팔아 고객을 가족화해야 완전판매가 이루어진다. 완전판매를 실현해야 평생고객화의 끈을 튼튼하게 만들어 평생 고소득자로 당당히 아름다운 인생을 연출할 수 있다.

톱이 되려면 자신의 이익 잣대가 아니라 고객의 이익 저울에 자신을 맡기는 진정성이 담보되어야 한다. 고객의 이익을 먼저 생각하고 자신의 이익을 헤아리는 'Give and Take', 즉 황금률 법칙을 실천한다. 더 나아가 'Give and No Take' 마인드로 접근하여 고객이 대접받고 싶은 만큼 대접해 감동을 선사하는 백금률(platinum rule)을 실천한다.

마음의 무게 중심을 고객의 이익으로 가도록 하고 열정과 정직으로 얻은 고객의 신뢰는 계약을 양산하면서 반드시 복리로 돌아오기 마련임을 명심한다.

고객감동을 위한 행복컨설팅 전개

　소비자들에게 보험컨설턴트의 태도를 설문조사한 결과에 따르면 보험계약 후에 아주 소수의 보험컨설턴트만이 고객들에게 사후서비스를 제공했다고 한다. 그런데 주목할 결과는 아주 만족할 만한 서비스를 받은 고객들은 아무런 서비스를 받지 않은 고객들보다 같은 보험컨설턴트에게 재계약할 확률이 훨씬 높았다.

　따라서 보험컨설턴트는 고객의 삶의 질을 높이고 자신을 성장시키기 위해 고객 행복설계의 변호사이자 소중한 재정적 파트너임을 가슴에 새기면서 고객의 행복컨설팅 클리닉을 전개해야 한다.

> ♣ 톱 에이전트가 전하는 성공 노하우
> 나는 내 고객들에게 나라는 사람이 단지 오늘과 내일 그들을 위해 일할 에이전트가 아님을 깨닫게 하려고 노력한다. 내가 그들의 평생 에이전트임을 그들이 깨닫게 최선을 다한다.
>
> — 존 로드(John Lord)

이왕 **보험컨설턴트**를 하려면 **감투**를 써라

> 보험에이전트는 고객 가정의 장래가 자신에게 달려 있다는 사명감을 가져야 한다. 또 자신이 머문 조직을 위해 공존공영하는 솔선수범의 자세를 보여주어야 한다.
> – 알 그래넘(Al Granum)

세일즈 매니저로서 팀의 리더가 돼라

일단 FC가 되면 FC로서 누릴 수 있는 모든 혜택은 다 누리고 받아야 한다. 그래야만 일하는 맛이 더 나고 날마다 더욱 설렘 속에 일터로 나간다. 그 혜택을 모두 수혜하는 지름길은 바로 SM(sales manager)이 되는 것이다. 그런데 SM이라는 자리에는 아무나 올라가는 것이 아니다.

그만한 능력과 자질이 있기 때문에 지점장이 추천하는 것이다. 고객에게 인정받는 것이 최선이지만 조직 안에서 인정받는 것도 보험영업인생에서 평생 고소득 직업인으로서의 위치를 공고히 하기 위해서는 그 무엇보다 중요한 요소이다.

영업리더인 팀장으로 감투를 쓰면 더욱 자신감을 갖고 일할 수 있다. 지점에서의 위치와 대접이 달라지고 급여명세서 세부항목이 달라지며, 소득이 더 많아지고 명함의 직책명시가 달라지며, 그를 받는 고객들의 표정에도 긍정의 변화가 온다. 일터로 향하는 마음가짐에는 내일을 향한 기력이 용솟음친다.

따라서 이왕 FC를 하면 더 높은 위치에 올라가는 목표를 세우고 매진해야 한다. SM이 되어야만 FC들이 바라는 목표인 지점장 자리까지 좀 더 쉽게 오를 수 있다.

다 일구어놓은 밭에서는 결실을 맺어야 한다

리더가 되면 하루 빨리 자신이 일구어놓은 밭(팀)에 씨(신인도입)를 뿌려 열매(SM수당)를 거두어야 한다. 농사짓는 것은 차후에 열매를 거두어들이기 위함이듯 리더가 되는 것은 더 많은 소득을 받고 명예를 추구하기 위함이 아니었던가? 더 큰 열매를 따기 위해 더 열심히 씨를 뿌리고 가꾸는 열정적인 세일즈 매니저가 되어야 한다.

리크루팅과 팀 조직관리는 팀장으로서의 역할과 능력을 가늠하는 척도가 된다. 따라서 "곡식은 이른 새벽 농부의 부지런한 발자국 소리를 듣고 자라고 신인은 조직의 따뜻한 정성과 애정 속에서 자라난다"는 사실을 늘 명심하면서 조직원들을 아낌없이 배려하고 정성을 들여야 한다.

SM은 팀을 효율적으로 운용하는 뛰어난 연출가

팀의 책임자인 SM은 지점장과 FC의 중간 위치에서 거울의 반사 역할을 충실히 하고자 매일 아침, 저녁 자신의 거울을 닦아야 하며, 관객(팀원)과 호흡을 함께하는 작품(팀 활성화, 지점 확충)을 만들려고 노력하는 뛰어난 연출가가 되어야 한다. 자신이 갖고 있는 상품지식, 판매기술 등으로 아낌없이 애정의 옷을 만들어서 팀원들에게 따뜻하게 입혀 주어야 한다.

SM은 인체에 비유하면 허리에 해당하고 군대조직에서는 분대장, 축구팀에서는 링커진에 해당하는 팀플레이어로서 지점의 핵심인물이다. 따라서 SM은 우선 자신의 본분을 성실히 수행하는 솔선수범의 자세를 견지하면서 신뢰받는 인격의 소유자로서 공존하는 모든 조직원에게 행복과 꿈을 선사하기 위해 노력해야 한다. 팀장이 되면 자기관리가 생활화되어야 하므로 포용력과 컨설팅 능력이 저절로 배양되어 영업력 제고에도 많은 도움이 된다.

유능한 팀장은 리더십(leadership)과 팔로우 십(followship), 파트너 십(partnership)을 모두 갖추어야 한다. 팀 리더가 갖추어야 할 덕목으로는 ① 지도력, ② 성실성, ③ 책임감, ④ 포용력, ⑤ 배려심, ⑥ 봉사와 희생정신, ⑦ 멋진 아우라 창출, ⑧ 가족애 발산, ⑨ 예의범절, ⑩ 동반활동지도력, ⑪ 팀원 DB관리, ⑫ 표준활동 등이며 이런 요소는 반드시 지키고 실천해야 한다.

> ♣ 톱 에이전트가 전하는 성공 노하우
> 어느 정도 수준에 도달한 에이전트들은 대부분 자산 플랜 시장(estate planning market)이나 다른 시장으로 새롭게 전이를 꾀하고자 한다. 그러나 종종 어떻게 변화를 주어야 하는지 그 방법은 잘 모른다. 이럴 때 가장 좋은 방법은 자신에게 부족한 부분을 전문적으로 조언해줄 사람과 공동 작업을 꾀하라는 것이다. 그런 전문가들과 함께 훈련하고, 배우고, 몇 건 해결하고 나면 그 뒤엔 혼자서 처리할 능력을 개발하게 될 것이다.
> – 마빈 펠드먼(Marvin Feldman)

고객과 나를 위한
행복컨설팅 전개 방법 15Tips

01 보험영업을 왜 하는지 가치 정립과 프로십 무장을 위한 **패러다임 시프트**

02 다른 컨설턴트와 선의의 경쟁에서 비교우위에 설 수 있게 중무장하고 차별화하는 **가치창출**

03 고객이 무엇을 원하는지 또 재정안정에 어느 부분이 취약한지 객관적으로 냉철하게 분석하여 진단하고 해결안을 정확하게 제시할 줄 아는 **프레젠테이션 능력**

04 언제나 고객 컨셉에 맞추어 고객 이익을 우선하는 **라이프 코드 컨설팅**

05 고객이 가입한 상품에 지속적으로 만족하게 모니터링하며 조언하는 **CRM**

06 고객의 보험니즈를 재점검한 후 새로운 아이디어로 주기적으로 서비스의 양과 질을 전환하는 **포트폴리오 리밸런싱**

07 면담 후에 감사의 서신과 문자를 보내 고객에게 기쁨을 주는 **감성마케팅**

08 고객이 승진하거나 가정에 경사가 있을 때 축하의 서신을 보내는 **축하이벤트**

09 고객이 불행한 일을 당했을 때 또는 보험사고가 발생했을 경우 만사 제쳐놓고 사후처리에 몰두하는 **가족애 발로**

10 황금률을 넘어 백금률을 실현하여 소개확보의 씨앗을 움트게 하는 **이타정신**

11 고객의 삶에 늘 평안과 행복이 자리하게 하는 **인생재테크 클리닉**

12 고객의 소중한 돈의 미래가치가 높아지게 효용가치 측정을 수시로 하는 **재무클리닉**

13 변액보험상품에 대한 시드머니의 가치 극대화를 위해 펀드재테크 기술을 익히는 **프로십**

14 머문 직장과 행하는 일에서 최선과 최고를 지향하며 평생직장으로 삼으려는 **일편단심**

15 오늘보다 더 좋은 내일의 나를 위해 끊임없이 정진하며 아우라를 창출하는 **자기애**

고객이 좋아하는
보험컨설턴트 베스트 21

01 고객 처지에서 고객에게 꼭 필요한 상품만 설계하는 FC

02 고객의 질문에 정확하게 답변하는 실력 있는 FC

03 고객의 일상생활에 도움이 되는 알토란 같은 정보를 제공하는 FC

04 고객에게 권유할 적합한 상품이 없을 때 다른 보험사 상품도 적극 알선하는 FC

05 고객 가정에 안심과 행복감이 더 많이 들게 만들어주는 FC, 매사에 자신감 있고 신념에 찬 FC

06 고객이 잘되도록 자산관리와 형성에 도움을 많이 주는 FC

07 진정으로 신뢰할 수 있는 정직하고 믿음직한 FC

08 사소한 약속이라도 반드시 지키며 고객의 이야기에 귀 기울일 줄 아는 FC

09 인생재테크가 잘 이루어지게 지속적으로 재무클리닉해주는 FC

10 초지일관 사후관리에 철두철미한 FC

11 친절하고 상냥하며 항상 웃음 띤 얼굴로 예의 바르고 교양 있게 대하는 FC

12 DM과 이메일, 문자메시지로 살아 있는 다양한 정보와 행복감을 제공하는 FC

13 가정사를 허물없이 상담할 수 있는 카운슬러 같은 FC

14 평생 아무런 걱정하지 않게 계약관리를 잘 해줄 것 같은 FC

15 본인의 이익보다 고객을 먼저 생각하는 FC

16 공사 구별이 철저하고 금전 관리를 잘하는 FC

17 평생 직업의식을 갖고 귀감이 되는 프로정신이 있는 FC

18 보험사고 발생시 내일같이 생각해 먼저 처리하려 애쓰는 FC

19 가정에 어려움이 있을 때 토로하면서 조언을 구하고 싶은 FC

20 다른 사람들에게 자랑할 정도로 고객관리를 잘하는 FC

21 항상 고객을 위해 봉사하는 모범적인 수호천사의 모습을 보여주는 FC

 [김동범의 아름다운 보험인생 편지]

고객을 통해 당신의 행복도 가꾸세요

고객을 위한 행복테크, 어떻게 하고 있나요?
사람들에게 '왜 그렇게 일을 열심히 하느냐?'고 물으면 오늘보다 내일을 더 풍요롭게 하기 위해서라고 말할 겁니다.
오늘보다 내일이 더 풍요롭다는 것은 성공을 일구어 삶의 궁극적 목적인 행복을 찾는 것을 말합니다. 그래서 '지금 왜 사느냐?'고 묻는다면 누구나 행복해지기 위해서라고 말할 겁니다.

행복! 이는 우리가 이 세상에 살면서 가장 선망하고 또 그렇게 되기를 바라는 희망의 빛이니까요.
행복! 이는 오늘을 사는 우리에게 오늘이 힘들어도 밝은 내일이 있음을 알려주면서 힘을 돋우는 버팀목이니까요.

행복! 이는 왜 우리가 혼자가 아닌 둘이어야 하고 또 가정을 꾸려 살아야 하는지 암묵적으로 알려주는 인생살이의 가장 고귀한 나침반이니까요.

'행복! 어떻게 찾아야 할까?
행복! 어디서 만나 품에 안아야 할까?'

굴곡을 넘어 사랑이 영글게 하려면 행복의 열매를 맺게 해주는 동기부여가 필요하고 멘토가 있어야 합니다.
멘토 역할을 충실히 수행하여 행복의 디딤돌 구실을 해야 하는 사람이 바로 당신입니다.
만나는 사람들마다 삶에 동기부여를 하고, 오늘보다는 내일을 알차게 준비하고, 현재 하는 일에 매진하도록 안내해주는 사람이 바로 당신입니다.

당신이 있음으로써 고객들은 행복의 씨앗을 간직하려는 마음이 움트고, 당신은 그들 덕분에 만족과 행복을 느낄 수 있지요.
고객의 재정설계로 말미암아 당신의 행복설계도 함께 알차게 이뤄지길 기대합니다.

에필로그

보험마케팅 어떻게 하고 있나?

당신이 고객에게 하나의 보험상품을 판매한다는 것은 단순히 그 상품만을 판매하는 것이 아니다.

세일즈 트레이너인 엘머 휠러가 "고객에게 물을 마시게 하지 말고 갈증 나게 만들어라. 빈 상자를 팔려고 덤비지 마라. 당신은 어떤 물건을 파는 게 아니라 그 물건의 효용가치를 선전하는 것이다"라고 말했듯이 보험상품을 판다는 것은 그 상품의 효용가치와 더불어 당신의 인격을 파는 것이다.

해당 상품에 대한 보장테크를 넘어 고객 가정의 경제적 안전망을 확실하게 구축해주고 지속적으로 사후서비스도 해주겠다는 비전과 믿음을 파는 것이다. 보험뿐만 아니라 지식과 인격도 함께 팔아야 완전판매가 가능하고 고객 로열티가 향상된다.

따라서 당신이 운영하는 보험플라자에는 반드시 보험상품과 더

불어 주인인 당신의 인격과 상품지식, 마케터로서의 프로십 등 모든 인프라가 구축되어 있어야 한다.

단순한 보험세일즈맨이 되어서는 롱런할 수 없다. 보험지식과 세일즈 스킬만으로는 완전판매의 실현과 지속적인 소개 확보의 길을 걸어갈 수 없다. 보험세일즈를 하면 단골고객을 만들어나갈 수 없고 충성고객을 확보할 수 없다. 반드시 보험마케팅을 해야 한다. 그래야만 내가 가진 시장을 더 알차게 늘리고 새로운 시장도 확보할 수 있다. 특히 보험컨설턴트는 샐러리맨이 아닌 1인 사업가인 까닭에 보험마케팅의 실시는 선택이 아닌 의무이다.

처음부터 보험세일즈를 하는 보험숍이 아닌 보험마케팅을 하는 보험플라자를 만들기는 쉽지 않다. 하지만 보험마케터로서의 자질을 갖춘 후 보험플라자에 양질의 상품을 골고루 준비하고 고객의 눈높이에 맞는 권유로 단골고객을 확보해나가면 저절로 입소문이 나서 소개 고객들이 몰려와 번창한다.

한 마디로 당신이 운영하는 보험플라자는 다른 사람이 운영하는 그것보다 때깔 나야 한다. 각 고객에게 알맞은 알찬 상품을 팔며, 손님을 맞이하는 태도와 단골고객을 관리하는 자세에 진정성을 담아 일반 세일즈맨이 아닌 프로마케터로서의 이미지를 심어 주어야 한다.

그리하여 당신의 매력과 플라자의 좋은 점들이 점점 입소문으로 퍼져나가 고객 스스로 찾아오는 보험플라자가 되게 해야 한다. 그러면 소망하는 소개마케팅과 인하우스 영업이 저절로 자리를 잡게 되고, 평생 고소득 전문직업인으로서 보험사업을 대물림하면서 확실하게 이끌어나갈 수 있다.

마케팅이 복잡하고 귀찮다고 임시방편의 영업인 세일즈만 해서는 안 된다. 마케팅을 해야 고객을 지속적으로 내 편이 되게 만들 수 있다. 물건 고를 때 너무 까다롭게 군다고 싫은 내색 보여서는 안 된다. 플라자 주인은 당연히 당신이지만, 당신의 주인은 어디까지나 당신에게 수입을 안겨주는 소중한 고객임을 잊지 말아야 한다.

보험마케팅 전문가인 당신으로 말미암아 소중한 고객들의 삶이 행복으로의 터닝 포인트를 찾고, 당신의 알토란 같은 보험플랜이 그들의 인생재테크 완성을 위한 방점을 찍는 소중한 계기가 되길 진심으로 기대한다.

끝으로 보험세일즈가 아닌 보험마케팅을 실천하여 고객의 풍요로운 삶을 안내하는 길잡이로서 고객의 가치 있는 삶을 가꿔주는 역할을 충실히 할 수 있기를 진심으로 바란다.

부록
세계 보험판매왕들의 보험마케팅 성공 명언

- 보험컨설턴트의 임무와 역할
- 보험마케팅에 임하는 자세
- 멋진 프로이미지 구축
- 필드 능력 배양
- 컨설팅 스킬 함양
- 고객거절 처리 및 응대 비법
- 고효율을 낳는 소개마케팅 실천
- 신뢰구축 및 충성고객 확보
- 역경과 슬럼프 극복 방법
- 나만의 보험영업 성공 비결

보험컨설턴트의 임무와 역할

- 보험세일즈맨의 역할은 고객이 살아가면서 겪을 수 있는 위험으로부터 고객을 보호하기 위한 상품과 서비스를 고객의 재정에 알맞게 제공하는 것이다. –조셉 조던
- 보험에이전트의 역할은 고객의 재정을 담당하는 여행사와 같다. 따라서 고객의 상황(출발지)과 목표(목적지)를 파악해 목적지까지 잘 인도해주는 가이드 역할을 해야 한다. 그래야만 고객 로열티를 향상시켜 고소득을 올릴 수 있다. –조지 피켓
- 당신의 진정한 역할은 고객이 진실을 보게 하는 것이다. 당신의 유일한 진짜 상품은 당신의 정직함이다. –가이 E. 베이커
- 무엇보다 우리가 하는 일이 세상에서 가장 훌륭한 사업이라는 말을 해주고 싶다. 미래에 돌아올 보상을 바라지 말고 사람들을 도와라. 그러면 그 수고에 대한 큰 축복을 받을 것이다. –메이디 파카르자데
- 내가 이 일에 대해 열성과 집념을 보이는 것은 돈 때문만은 아니다. 그것이 나에게 부여된 일이요, 직업인으로서의 의무이기 때문이다. –하라 잇베이
- 보험에이전트는 고객 가정의 장래가 보험컨설턴트에게 달려 있다는 사명감을 갖고 일해야 한다. 왜냐하면 불행으로부터 고객과 그 가정을 보호해 줄 수 있는 매우 요한 역할을 담당하고 있기 때문이다. –알 그래넘
- 우리는 고객을 변화시키기 위해 애쓰는 사람이 아니다. 우리가 할 수 있는 것은 고객을 앞으로 나와 함께 일을 하게 될 유망고객으로 받아들이는 것이다. –노먼 레빈
- 보험의 정신인 나눔을 실천하기 위해 자원봉사활동에 적극 참여하라. 이는 고객확보 측면에서 매우 중요하다 –조지 피켓
- 당신이 진정 고객을 위해 일한다면 당신은 반드시 성공할 것이다. 먼저 다른 사람을 좋아하고 원해야 성공할 수 있다. –한스 우베 뮐러
- 나는 보험영업을 좋아한다. 사람들을 대하는 일을 좋아하기 때문이다. 보험에이전트로 일하게 됨으로써 나는 가장 멋지고 흥미로운 사람들을 만날 기회를 가지게 되었다. –조 라메이
- 나는 내 고객들로 하여금 나라는 사람이 단지 오늘과 내일 그들을 위해 일해 줄 에이전트가 아님을 깨닫게 하려고 노력한다. 내가 그들의 평생을 위한 에이전트임을 그들이 깨달을 수 있도록 최선을 다한다. –존 로드

- 나는 보험상품을 판매하지 않는다. 나는 나를 파는 것으로 대신하고 있다. 상품에 있어 가장 권위 있는 검인은 그 상품을 취급하는 인간의 지문이다. 취급인이 충분히 신용할 수 있는 인물이면 고객에게는 이를 능가하는 품질 증명은 없다. -엘머 레터만
- 보험을 판매하는 일은 나에게 결코 어렵지 않다. 왜냐하면 나는 상품이 지닌 가치를 믿기 때문이다. -아말 소카
- 고객은 당신의 식탁 위에 빵을 차릴 수 있도록 도와주는 단순한 구매자가 아니다. 당신은 고객과 하나의 팀을 구성하는 것이다. 팀 구성원 각각은 서로 같은 목표를 향해 일치되어야 한다. 바로 보험의 정신인 사랑과 행복의 추구이다. 이를 잊으면 안 된다. -알란 바이스
- 정신적 충격의 경험은 인생에서 갖는 가치의 우선순위를 재평가하게 한다. 우리가 죽음이라는 운명에 직면할 때 가족은 사업보다 항상 우선순위를 차지한다. 성공한 사람들은 다른 사람들이 하기 싫어하는 일을 기꺼이 한 사람들이다. -마빈 펠드먼
- 생각해 보라. 우리의 일은 우선 자본이 필요하지 않으며 그 어떤 것도 미리 갖고 있을 필요가 없다. 우리는 사람들에게 가서 단지 말을 하면 된다. 그들에게 다가가 그들의 문제를 해결하도록 돕는 것이 우리의 일이다. 이 일을 시작하는 에이전트들에게 무엇보다 들려주고 싶은 말은 우리 일에 대한 자부심을 갖고 일과 사람에 빠지라는 것이다. -메이디 파카르자데
- 보험에이전트로서 중요한 임무는 고객이 안고 있는 현안 문제를 해결할 수 있도록 도와주는 일이다. 따라서 임무수행에 절대적으로 중요한 요소는 고객의 재정적 문제를 해결할 수 있도록 도와주는 능력이다. -노먼 레빈
- 보험은 상생을 기본으로 한 신용상품이다. 오로지 자신의 이익만 생각해 고객에게 보험을 권유한다면 당신에게 성공의 기회는 그 순간 날아가 버리고 말 것이다. -필립 E 해리만
- 나는 내가 하고 있는 보험사업을 할수록 더욱 사랑하게 되고, 고객들이 필요한 계획들을 수립하는 데 있어 내가 도움을 줄 수 있다는 사실에 언제나 기쁨을 느낀다. -카렌 스태위키

보험마케팅에 임하는 자세

- 성공하는 보험에이전트와 실패하는 보험에이전트를 구분하는 가장 중요한 요소는 태도이다. -알프레드 그래넘

- 사람은 광산으로부터 금을 캘 수가 있다. 그러나 인간이 캘 수 있는 보다 값진 금은 인간이 인간의 두뇌로부터 캐는 금이다. -다비
- 상품이 팔리고 안 팔리고의 문제는 상품에 절반이 달려 있고 반은 보험에이전트에게 달려 있다. 보험영업의 성과는 꼭 팔고야 말겠다는 의지를 갖느냐 갖지 못하느냐에 따라 큰 차이를 보인다. -엘머 레터만
- 나의 보험영업 좌우명은 「한 달에 10건의 청약서를 반드시 작성할 것. 결코 이보다 덜 해서는 안 됨. 정말로 열심히 하면 이것은 반드시 달성할 수 있는 숫자임」이다. 나는 70년 동안 영업하면서 한시도 이를 잊은 적이 없다. -클라우드 스터블필드
- 사람의 미래는 그의 재능에 의해서가 아니라 그가 마음속으로 생생하게 그리는 꿈에 의하여 결정된다. 성공에 있어 가장 중요한 요소는 꿈꾸는 능력이다. -콘래드 힐튼
- 하루 종일 사무실에 앉아 커피나 마시고 신문을 읽으면서 계약이 잘 되지 않는다고 불평하는 보험에이전트만큼이나 한숨 나오게 만드는 존재도 없다. 일주일에 5일간 대충 일하는 보험에이전트는 결코 1년에 500건의 계약을 달성할 수 없다. -스티븐 소모기
- 나에게 동기부여를 해주는 요인은 매일 밤 다음 날에 대한 준비를 하는 일이다. 나는 내 자신이 생산적인 하루를 준비하면서 갖추게 되는 모든 지식과 정보들로 인해 스스로에 대한 만족감과 자신감이 생기고 많은 용기를 갖게 된다. -카렌 스태위키
- 나는 한 달에 10건의 청약서를 작성하는 일이 성공전략이라는 사실을 알고 이 점에 전력을 기울인 결과 언제나 목표를 달성했다. 보험영업 23년 동안 5,000명 이상의 고객을 확보했으며 유지율은 96%에 달했다. -웨인 콜린스
- 만일 당신이 어떤 일을 어떻게 해야 할 것인지 생각했다면 이미 그 일을 절반 이상 이룬 것과 같다. -헨리 J. 카이저
- 보험에이전트는 샐러리맨이 아니므로 무엇보다 중요한 것은 자기확신이다. 자신에게 스스로 동기를 부여하고 자신을 믿지 못한다면 우리 일에서는 성공할 수 없다. -하워드 캐칭스
- 나는 출근 전 정장을 입는 그 순간부터 고객을 생각한다. 정장을 입는 순간이 나의 비즈니스가 시작되는 출발점이다. 이 순간이 내가 오늘 하루 동안 고객들의 세계에 접하여 그들과 친구가 되는 준비 시점이기 때문이다. -테리 브라이트보드
- 보험영업, 즉 세일즈란 당신이 그녀에게 무릎을 꿇고 청혼하는 것이고, 마케팅은 그녀가 당신에게 무릎을 꿇고 청혼하도록 만드는 것이다. -도널드 코넬리

- 오늘은 당신이 인생을 새롭게 시작하는 첫 날이라고 생각하라. 진정한 프로로 거듭나는 날이라고 생각하라. -한스 우베 퀼러

- 일에 성공하려면 다음 3가지 질문을 스스로에게 해보라. "첫째 세상에서 내가 가장 잘 할 수 있는 일은? 둘째 성공하기 위한 경제적 수단은? 셋째 진정한 열정을 어디서 느끼나?" 이 3가지 질문에 대한 답이 모이는 바로 그 지점에서부터 당신이 성공으로 향하는 길이 시작된다. -브라이언 에쉬

- 급변하는 보험시장 환경에서 생존하면서 소득을 보다 더 많이 올릴 수 있는 비결은 톱 세일즈맨들의 체험적 경험을 벤치마킹하여 완전히 내 것으로 만드는 것이다. -조지 피켓

- 특별한 비전을 가져라. 왜 보험영업을 하는가? 이 일에서 무엇을 성취하고 싶은가? 원하는 것이 무엇인지 명확할 때 성공은 이미 시작된 것이다. 누구도 나에게 최고가 되라고 말한 사람은 없었다. 그 목표는 내가 정했고 내가 해낸 것이다. -토니 고든

- 보험에이전트서의 미래를 계획하라. 고객을 위한 미래를 설계하듯이 스스로의 인생에 대해 설계해 나가라. 보험사업에 대해 신념을 갖고 일하라. 그래야만 하는 일 속에서 삶의 가치를 발견하고 일을 더 즐겨 할 수 있다. -닉 아멜리

- 사람은 누구나 다 자신의 생각, 꿈, 혹은 관점 등 무언가를 팔고 있다. 우리는 모두 세일즈맨이요 비즈니스맨이다. -클레멘트 스톤

- 보험영업은 사람만 존재한다면 어디서든지 어떤 방식으로든 소용될 수 있는 기술로서 고객의 당면 과제를 해결하기 위해 고객과 함께 고민하며 이야기를 만들어가는 신뢰의 작업이다. -가와다 오사무

- 겸손하고 성실한 배움의 자세야말로 자신을 강력한 보험세일즈의 달인으로 변화시키는 가장 큰 무기이다. -아말 소카

- 일주일에 15명의 고객과 만나라. 기존의 검증된 방법을 이용하라. 특별한 목표를 갖고 매진하라. 자신만의 새로운 방식을 찾는 것도 좋지만 벤치마킹도 매우 필요하다. -토니 고든

- 반드시 영업의 원칙을 지켜 나가라. 이는 지키기 어려울 수도 있지만 정말로 좋은 기회를 잡기 직전에 그만두는 보험에이전트들을 많이 보았다. 특히 신인 에이전트들은 보험영업을 지속해 나가기 위해서는 처음 5년 동안은 필요한 원칙들을 수행하는 습관을 반드시 길러야 한다. -시드니 프리드먼

- 나는 보험사업에 입문하는 많은 사람들이 갖지 못한 장점을 하나 갖고 있다. 그것은 바로 호기

심이다. 이 일을 시작한 이후 줄곧 내가 이러 저러한 방법을 사용할 경우 과연 어떤 결과가 나오게 될지에 대해서 끊임없이 궁금해 하고 호기심을 가져왔다. -알프레드 그래넘

- 마음속에 커다란 성공을 그리고 있다면, 지금 당신이 속해 있는 안전지대를 떠나는 용기가 필요하다. -하워드 캐칭스
- 보험영업을 잘하려면 3가지 특징을 지닌 사람들을 찾아야만 한다. 첫째, 가족과 직원들을 책임져야만 하는 사람, 둘째, 결정을 내릴 수 있는 사람, 셋째, 경제적으로 큰 성장잠재력을 갖춘 사람들이어야만 한다. 항상 어디에 이런 사람들이 살고 있는지, 어디에서 이런 고객들을 찾을 수 있는지 유심히 살펴야 한다. -브루스 에서링턴
- 보험영업을 하면서 매일매일 설렘을 느끼는 활기찬 생활을 하고 있다고 생각하라. 자신이 느끼는 설렘이나 두근거림을 고객들과 나누기 위해 노력하라. 그것이 자신의 삶을 지탱시켜 주는 원동력이자 즐거움이다. -와다 히로미
- 평생직업 의식을 갖고 꼭 필요한 정보로 무장하여 지적이지만 금융교육이 필요한 우리의 고객들을 열심히 돕는 것이 성공의 지름길이다. -아델리아
- 보험에이전트로 성공하기 위해 부유한 가족과 이미 준비된 연락망이 있어야 한다는 생각은 우습다. 우리 일에서 필요한 사람은 자신이 원하는 바를 직시하고 추진하는 열정을 가진 사람이다. 어떠한 긴박한 상황에서도 그 상황을 용감하게 창조적으로 변화시켜라. -개리 시츠만
- 상대를 키워야 내가 큰다는 생각을 가져야 한다. 고객이 부자가 되어야 내 영업도 잘 되고 나도 부자가 될 수 있다는 사고를 갖고 고객을 대해야 한다. -클레멘트 스톤
- 나는 매일의 활동에 초점을 둔다. 오늘이 바로 목표 달성을 하는 마감일이라고 생각하며 영업에 임한다. -밥 테웨스
- 보험사업에서 성공하려면 항상 유연하게 대처해 나가야 한다. 끊임없는 노력이 수반되어야 한다. 오늘의 성공한 판매기술이 내일의 성공을 가져다준다는 보장은 없다. -시바타 가즈코
- 보험영업의 정석은 먼저 목표를 확실하게 갖고 보험광이 되고 난 후 사람을 만나는 것이다. 만나되 살만한 가능성이 있는 고객을 만나야 하는 것이다. -프랭크 베트거
- 보험영업으로 성공하고 싶거든 최소한 10년 동안은 신규고객 확보에 더 매진하라. 그리고 늘 고객에게 소개 확보를 받아낼 수 있도록 CRM마케팅을 지속적으로 전개해 나가라. -조지 피켓
- 보험업에서 처음 4년은 일하는 기간으로 여기지 말고 보험대학으로 여겨라. 그리고 경력 5년째를 보험에이전트로서의 시작 첫해로 삼고 그해 수입을 첫해의 변호사의 수입과 비교해보라.

누가 더 많이 버는가? 그때서부터 앞으로 잠재된 수입의 양은 누가 더 많은가? 처음 4년 동안은 일로 여기지 말라. 보험에이전트가 머무는 곳은 대학이다. 당신은 학교에 다니면서 월급을 받고 있는 거다. -버트 마이즐

- 보험컨설턴트로서 성공하기 위해 반드시 갖추어야 할 가장 기본적인 4가지 조건은 이론무장(Knowledge)과 정신무장(Attitude), 기술무장(Skill), 영업생활화(Habit)이다. -LIMRA
- 보험영업을 즐겁게 하라. 일이 즐거워야 가족들에게도 잘 해줄 수 있다. -배리 로치

멋진 프로 이미지 구축

- 본받을 만한 멋진 영업인을 목표로 삼고 열심히 하였더니 멋진 성공인이 되었다. -가와다 오사무
- 보험회사 입사 후 최고의 에이전트가 되겠다는 목표에 내 자신을 던졌다. 그 목표가 내 삶을 이끌고 성공인생을 가져다 주었다. -토니 고든
- 영업실적은 자신이 판매하는 상품에 대한 사랑과 믿음을 알려주는 척도이다. 훌륭한 보험세일즈맨은 자신의 상품을 그 누구보다도 사랑하고 신뢰한다. -시바타 가즈코
- 변화를 두려워하지 마라. 결코 배우기를 멈추지 마라. 트레이닝을 받고 새로운 기술을 익혀 활용하여 차별화된 모습을 보여 줘라. 그것이 보험에이전트로서 성공을 향한 로드맵이다. -솔로몬 힉스
- 누구나 자신의 목표를 이루기 위해서는 필요한 무엇인지 다 배울 수 있다. 한계란 없다. -브라이언 트레이시
- 나는 매일 아침마다 스스로에게 이런 질문을 한다. "오늘 하루를 멋진 날로 보내기 위해 나는 무엇을 할 수 있을까?" 라고. 나의 동기의식은 성공하고자 하는 도전 정신 그리고 내 자신을 발전시키고 나의 가족들에게 본보기가 되고자 하는 마음으로부터 나온다. -카렌 스태위키
- 많이 알수록 경쟁력도 강해진다. 세미나에도 적극적으로 참석하고 다른 사람들의 강연을 열심히 들어라. 자기보다 앞서 있는 사람들의 이야기를 통해 배우는 것이 있다. 책이나 잡지 읽는 것을 게을리 마라. 아는 것이 힘이다. 반드시 MDRT 정회원이 되도록 노력하라. -메이디 파카르자데
- 어느 정도 수준에 도달한 에이전트들은 대부분 자산플랜시장이나 다른 시장으로 새롭게 전이

를 꾀하려 한다. 그러나 종종 어떻게 변화를 취해야 하는지 그 방법은 잘 모른다. 이럴 때 가장 좋은 방법은 자신에게 부족한 부분을 전문적으로 조언해줄 사람과 공동작업을 꾀하는 것이다. 그런 전문가들과 함께 훈련하고, 배우고, 몇 건을 해결하고 나면 그 뒤엔 혼자서 스스로 처리할 능력을 개발하게 된다. −마빈 펠드먼

- 고객에게 제시할 수 있는 자신만의 가치를 만들어라. 그 가치는 반드시 실행해야만 의미가 있다. −가이 베이커
- 성공하는 보험에이전트가 반드시 지녀야 하는 특성은 자기훈련, 자기존중의식, 자기통제다. −조안 매튜스
- 자기가치는 타인에 의해 결정되는 것이 아니라 스스로 찾는 것이다. 시간당 500달러를 받는 변호사가 있다면 왜 당신은 그렇게 안 되는가? 나는 지금 돈의 액수를 말하는 게 아니다. 회사의 시스템 운영에 필요한 수입은 당신을 통해 들어온다. 그리고 다른 직원들은 이 시스템을 통해 돈을 받아 가는 것이다. 자신의 가치에 대한 믿음을 가져라. 그런 믿음으로 고객을 대하면 성과는 두 배가 될 것이다. 아니 열 배, 백 배가 될 수도 있다. −토니 고든
- 대부분의 보험에이전트들은 10년이 지나면 유망고객을 발굴하는 활동을 더 이상 하지 않는다. 하지만 나는 기존의 고객들과 일을 하는 것은 내 비즈니스의 50%이고, 나머지 50%는 유망고객을 발굴하는 데 집중한다. 왜냐하면 내 스스로가 게을러지는 것을 싫어하기 때문이다. 부지런히 돌아다녀야 한다. 그래야 늘 멋진 모습을 유지할 수가 있다. −스티븐 소모기

필드 능력 배양

- 목표시장에서 성공한 보험에이전트들은 가망고객과의 친밀한 관계 형성을 최대한으로 이용할 줄 아는 사람들이다. 그들은 자신들과 연관성이 있는 목표시장에 집중한다. −알프레드 그래넘
- 보험영업은 오직 한 가지로 귀착된다. 그것은 바로 사람들을 만나는 일이다. 밖에 나가서 하루에 다섯 명 이상의 사람들에게 자신의 이야기를 정직하게 할 수 있다면 그 사람은 영업에서 성공할 수밖에 없다. −월터 탤벗
- 보험사업을 한 지 30년이 되었지만 나는 여전히 개척에 초점을 둔다. 거리를 한 블록 한 블록 돌아다니면서 비즈니스를 하는 사람들을 방문한다. 나는 약속을 하고 나서 사람들을 만나러 여

기저기 이동했다가는 결국 아무런 소득도 얻지 못하는 경우를 줄일 수 있다. -스티븐 소모기
- 고객과 상담할 땐 꼭 기억해 둬라. 당신은 단지 고객을 만나 판매를 하는 것이 아닌 당신이 만나서 몇 번이고 판매할 고객을 개발하고 있는 것이다. -알프레드 그래넘
- 사람은 성공할수록 기초실력을 잃어간다. 하지만 진정한 성공인은 성공할수록 기초실력을 더욱 다져 나간다. -도널드 코넬리
- 가망고객 발굴은 즐길만한 일은 아니지만 성공한 에이전트들은 그것을 해낼 방법을 반드시 찾아낸다. 그것이 성공의 기초가 된다는 사실을 알기 때문이다. -마빈 펠드먼
- 보험을 팔기 전에는 반드시 먼저 보험약관을 처음부터 끝까지 샅샅이 읽어라. 그것을 흡수하는 데 시간이 얼마가 걸리든 상관없다. 고객에게는 물론 변호사나 회계사, 경제전문가들에게도 자신 있게 말해 줄 수 있을 정도가 되어야 한다. -개리 시츠만
- 고객을 만날 때는 두 가지를 명심하라. 하나는 고객이 당신을 어떻게 생각하는가와 다른 하나는 고객이 당신을 만남으로써 그 스스로 자기를 어떻게 느끼는가이다. 고객의 마음에 긍정적인 신호등이 켜지도록 만들 방법을 모색한 후 고객을 만나라. -스콧 진스버그
- 보험영업에서 가장 어려운 부분으로 꼽을 수 있는 것은 사람들이 그들의 진정한 문제에 초점을 맞추도록 돕는 것이다. -프란 재코비
- 고객을 만나러 갈 데가 없는 사람은 보험영업을 그만둬라. -하라 잇베이
- 자신과 매일 어떻게 영업할 것인지, 무엇을 실천에 옮길 것인지 약속하라. 그리고 그 약속을 지키도록 노력하라. -마빈 펠드먼
- 물고기가 보트 위로 직접 뛰어오게 하라. 가망고객이 꾸준히 흘러 들어오게 할 가장 좋은 방법은 그들이 당신을 직접 찾도록 하는 것이다. -시드니 프리드먼
- 가망고객을 가잘 잘 발굴하는 비결은 끊임없이 새로운 마케팅 방법을 모색하는 것이다. -시드니 프리드먼
- 만약 다른 사람의 눈에 띄지 않는 곳을 스스로의 노력으로 찾아낸다면 기회의 문은 어디서든 열릴 것이다. 어디에 가면 유망고객들을 찾을 수 있는지 유심히 살펴야 한다. -브루스 에서링턴
- 큰 고객을 상대하려면 사고의 폭과 크기가 달라져야 한다. 큰물에 들어가면 크게 생각해야 한다. 큰 액수의 보험계약을 진행하는 데 익숙해지면, 차츰 규모가 큰 시장도 중간이나 소규모의 시장과 똑같이 편해질 것이다. 그리고 이런 변화에 익숙해지면, 중간이나 소규모 시장에서의 노력은 감하고, 규모가 큰 시장에서의 노력을 더하는 조정력도 생기게 된다. 결국 자산플랜과

기업 고객이 전체 세일즈의 중심을 채울 것이다. -마빈 펠드먼
- 마냥 사무실에 앉아만 있으면 아무 일도 일어나지 않는다. 활동만이 성과를 가져온다. -가이 베이커
- 입사한 첫 달에 10건의 계약을 달성한다면 그 이후부터 계속해서 매달 10건을 달성하게 될 것이다. 신인은 이 점을 명심해야 한다. -대니 오닐
- 일의 패턴을 개발하라. 당신은 정해진 일의 패턴을 갖고 있어야만 한다. 고객과의 시간, 혼자 일처리 할 시간 등 스케줄을 잘 잡아야 한다. 정해진 틀이 없다면 자신의 시간을 엄격하게 쓸 줄 모른다. -토니 고든
- 직장은 가장 양질의 고객들이 모여 있는 유망고객의 보고이다. 보험영업의 시초와 끝은 직역에서 이뤄져야 제일 알차다. -스즈키 야스토모
- TV, 자동차, 컴퓨터에는 매뉴얼이 포함돼 있지만 월급봉투에는 매뉴얼이 없다. 보험에이전트는 고객들에게 인생을 어떻게 설계해야 할지에 관해 조언해줘야 한다. 이것이 급변하는 보험시장 환경에서의 생존전략이며 보다 소득을 올릴 수 있는 비결이다. -조지 피켓
- 가능한 빨리 세분화된 시장을 찾아라. 처음에는 이것저것 시도를 해보겠지만, 일단 자신에게 효과가 있는 것이 무엇인지를 찾고 나면 그곳에 집중하라. 그리고 가능한 교육을 많이 받도록 하라. 교육을 통해 우리 일에 대한 폭넓은 지식을 갖추면, 고객과의 면담에서 좀더 확실한 조언을 해줌으로써 전문가로서의 신뢰감이 쌓이게 될 것이다. -마빈 펠드먼
- 보험사업을 한 30년 동안 잊지 않고 하는 것은 매일 아침 5시 30분에 분에 일어나서 신문과 인터넷을 통해 경제뉴스를 접하는 일이다. 특히 내 고객들이 있는 지역의 뉴스를 빠짐없이 챙긴다. -테리 브라이트보드
- 보험영업을 더욱 성공리에 이끌려면 새로운 시장을 발굴하고 개발해야 한다. 직장단체 시장보다 더 많은 양질의 가망고객을 발굴하기 좋은 시장은 없다. -시바타 가즈코
- 당신이 성공적인 보험에이전트가 되고 싶다면 무엇보다도 먼저 확실한 유망고객을 찾아내는 능력부터 길러야 한다. -프랭크 베트거
- 유망고객을 발굴하고 그들을 알고자 노력하는 과정은 결국 그들에게 내가 누구이고 어떤 사람인지에 대해 알리는 과정이다. -리처드 루이스
- 영업이라는 일은 결국 한 가지, 오직 한 가지로 귀결된다. 그것은 바로 사람들을 만나는 일이다. 밖에 나가서 하루에 네댓 명의 사람들에게 자신의 이야기를 정직하게 할 수 있는 평범한 사

람이라면 그 사람은 영업에서 성공할 수밖에 없다. -월터 탤벗
- 한꺼번에 많은 숫자의 고객을 발굴하기보다는 그들의 고객으로 되거나 더 이상 설득한 가치가 없다고 생각할 때까지 인내와 열정을 갖고 일하라. -클라우드 스터블필드
- 나는 보험사업을 생활화한다. 특히 주말 각종 모임에 참석하는 활동은 내게 좋은 정보의 공급원이 되어 준다. 가족은 그 누구보다도 내게 꾸준히 정보를 제공해 주는 데 있어서 탁월한 능력이 있다. -글렌 야고진스키
- 인터넷 검색을 친구 만나듯 하라. 고객 이메일 주소는 반드시 알아두고 정기적으로 좋은 정보를 제공하라. 나에게 가장 큰 유망고객 정보 공급원이 되는 것은 인터넷이다. -린우드 브루사드
- 인터넷을 통해 유익한 정보를 입수한 후 이를 잘 가공하여 고객에게 맞춤서비스를 하라. 대화 시 아이스 브레이킹 역할을 톡톡히 해줄 것이다. -톰 드라이넌
- 시장을 세분화하라. 그리고 그 시장에 필요한 정보는 모두 다 섭렵하라. 바쁜 그들에게 좋은 정보를 일일이 챙겨 준다면 언젠간 반드시 당신의 신규고객 명단에 오를 것이다. -배리 로치
- 나의 신규 고객층은 이미 내가 알고 있는 고객 중 고객이나 그 가족이 새롭게 가정을 꾸민 사람들이다. 고객들의 생활이 변화되어 감에 따라 그들과 꾸준히 관계를 유지하며 연락을 해 나가야 신계약이 창출된다. -웨인 콜린스
- 나는 매일 아침마다 15분씩 지역에서 발간되는 일간지를 읽는다. 이 중 특히 비즈니스 난과 지역사회 난을 집중적으로 읽는다. 그 이유는 내 고객들 가운데 어느 누가 무슨 특별한 일을 했는지, 즉 내가 전화를 걸어 칭찬을 해줄만한 일을 한 고객이 있는지 찾아보기 위해서이다. 이는 매우 큰 효과를 가져온다. -린우드 브루사드
- 하루를 시작하면서 내가 가장 먼저 정보를 얻는 곳은 바로 인터넷과 지역에서 발생하는 모든 소식과 정보들을 담은 지역신문이다. 이를 통해 일반적인 비즈니스 동향과 시장 추세들을 날마다 파악하여 고객에게 정확한 정보를 빠르게 전해 줄 수가 있다. -글렌 야고진스키
- 전화 통화를 통해 성공적으로 유망고객을 확보하려면 나름대로의 마케팅 시스템을 개발해야 한다. 체계적인 접근과 최적의 통화시간대, 끈질김, 올바른 태도가 필요하다. -존 오웬즈
- 내가 타깃으로 하는 시장은 가족 시장이다. 내가 이룩하는 업적 대부분은 나를 알고 있는 사람들과 저녁 식사를 하면서 이루어진다. -웨인 콜린스
- 나는 다음 날에 대한 준비를 하기 위해 소위 '일일 의무사항 기록장'을 사용한다. 내가 하루 동안 연락하거나 만나야 하는 이름들과 전화번호, 이메일 주소, 그들과 이야기를 나눌 주제들은

무엇인지에 대해 적혀 있다. '일일 의무사항 기록장'에는 점수를 기록하는 공간도 있는데, 총점 20점을 만점으로 하여 그날 의무사항을 지켜나간 상태를 체크하여 점수를 매긴다. 20점을 점을 획득한 날은 그야말로 훌륭히 잘 보낸 날이다. -카렌 스태위키

- 나는 일을 할 때 내 자신에게 동기를 부여하기 위해 다양한 기술들을 사용한다. 특히 각종 교육을 받으려 애쓰며 성공한 사람들의 노하우를 벤치마킹하기 위해 온 힘을 기울인다. -랜디 스톨츠
- 나는 자신들의 직업에서 성공한 사람들이 어떻게 성공의 결과를 얻게 되었는지에 대해 연구하였다. 그 결과 나는 그들이 늘 마음속에 목표를 갖고 있다는 것을 깨달았고 나도 뚜렷한 목표를 세운 후 달성되도록 "KASH의 법칙"을 연마하면서 날마다 실천에 옮겼다. -리처드 폴스
- 날마다 하루를 마칠 때쯤이면 나는 그 다음날 해야 할 일들의 목록을 만듦으로써 내일에 대한 계획을 세운다. 약속 시간을 확정하고 내 생각을 조직적으로 정리한다. -카렌 스태위키

컨설팅 스킬 함양

- 보험세일즈맨은 분석을 담당하는 좌뇌와 정서를 담당하는 우뇌를 효율적으로 사용할 줄 알아야만 고객의 구매 행동을 관리할 수 있다. -조셉 조던
- 보험상품을 컨설팅 할 때에는 언제나 판다는 것보다 고객들이 산다는 사실이 더 중요한 것이다. -솔로몬 힉스
- 나의 영업전략은 고객에게 재정 상황에 대한 검토를 나와 함께할 것을 제안하는 것이다. 내가 제공해 주는 것이 무엇인지를 알려주고 난 후 그러한 것들이 왜 고객에게 도움이 되는지 설명해 준다. 이 때 흥미 있어 하면 긍정적인 신호이다. -웨인 콜린스
- 당신이 고객을 만나기 위해 찾아가는 것보다 고객과의 면담이 당신의 사무실에서 이루어지도록 하는 것이 보다 효과적이라는 것은 분명한 사실이다. -알프레드 그래넘
- 고객들이 당신과의 대화를 통해 이익을 얻게 된다는 확신을 갖도록 만들어라. 고객에게 도움이 되는 정보들을 아주 편안한 분위기 속에서 자신 있게 설명할 수 있도록 만들어야 한다. 고객이 어떤 상황에 있고 그가 어떤 사람인지에 대해 알지 못한다면 결코 그에게 적절한 조언을 제공해 줄 수 없다. -리처드 루이스

- 고객은 반복적으로 보험을 가입한다는 사실을 명심하라. 통계에 의하면 보험가입자들은 자기 담당 에이전트에게 평균 5~7회 보험을 가입하였다. -알프레드 그래넘
- 첫인상을 좋게 하라. 언제나 미소를 지어라. 가까울수록 예절을 잘 지켜라. -클레멘트 스톤
- 항상 고객 앞에서는 정직하고 진실한 모습을 견지하라. 그러면 언젠가는 고객이 알아주고 당신을 점점 지지하는 고객들이 늘어날 것이다. -시바타 가즈코
- 커다란 니즈를 갖고 있는 고객들은 커다란 문제를 해결하기 위해 더 큰 보험료를 지불할 준비가 되어 있다. -개리 시츠만
- 상품을 더 많이 판매하려면 맨 처음에는 적게 약속하고 나중에 더 많은 것을 제공하는 비즈니스 스킬을 익혀야 한다. -가이 베이커
- 누구에게나 호감을 줄 수 있는 미소를 띤 얼굴보다 더 좋은 세일즈 무기는 없다. 자신의 미소 띤 얼굴이 영업의 성패를 결정짓는다. -하라 잇베이
- 우리가 세일해야 하는 것은 스테이크가 아니라 사람들의 입에 군침을 돌게 하는 지글지글 끓고 있는 고기 냄새이다. 당신은 어떤 물건을 파는 게 아니라 그 물건의 효용가치를 선전하는 것이다. -엘머 휠러
- 말을 듣는 데 성의를 보여야 한다. 자신 있는 태도를 보여라. 솔선해서 우호적인 태도를 보여라. 상대방을 자기주관대로 평가하지 마라. 상대방의 입장이 되어 생각하면서 장점을 발견하여 아낌없이 칭찬하라. -클레멘트 스톤
- 나는 고객에게 불만족스러운 어떠한 일이 발생하게 되면 그것에 주의력을 기울여 빠른 시간 내에 판단할 수 있는 방법을 배웠다. -잭 토마스
- 고객을 만날 때에는 첫 번째 만남을 통해 그로부터 정보를 얻고 두 번째 만남에서부터 자신이 작성한 제안서를 고객에게 추천하면서 상품 설명을 하라. -존 로드
- 고객한테 무엇을 살지 묻기보다는 상품선택에 관한 질문을 하여 구매로 유도하는 것이 더욱 효과적이다. -엘머 휠러
- 보험영업의 달인이 되는 첫걸음은 사려 깊은 태도로 고객에게 당신이 한 말을 믿게 만드는 것이다. -로저 도슨
- 만일 고객들에 대해 내가 얼마나 많은 관심을 갖고 있는지 그들에게 보여주지 않는다면, 그들은 내가 얼마나 중요한 것들을 많이 알고 있는지에 대해 신경조차 쓰지 않는다. -밥 테웨스
- 성공하는 사람들은 질문을 잘 할 뿐만 아니라 고객의 이야기에 귀를 잘 기울인다. -레슬리 토머

스(Leslie Thomas)
- 고객의 삶에 부가가치를 제공하는 것이야말로 가장 올바른 보험컨설팅 방법이다. -가이 베이커
- 크게 생각하라. 그리고 고객의 니즈에 합당한 수준만큼 큰 금액의 보험료를 제시하라. -시바타 가즈코
- 보험상품을 판매하는 데 있어 여러 가지의 판매 아이디어가 있다고 생각 않는다. 판매아이디어는 딱 한 가지이다. 그것은 바로 니즈 판매를 하는 것이다. 그리고 세일즈가 아닌 마케팅을 하는 것이다. -램버트 후펠러
- 판매란 한 마디로 간단하게 정의하면 사람을 만나는 것이다. 만나되 살만한 가망성이 있는 고객을 만나야 하는 것이다. -프랭크 베트거
- 한 번 만난 사람이라도 반드시 이름을 기억해 둬라. 다음 만났을 때 이름을 불러주면 그것보다 더 좋은 인상효과는 없다. -로저 도슨
- 설득이란 서로 원원하는 옳은 길을 선택하게 하는 것이 아니라 상대방을 현혹시키고 올바른 판단을 하지 못하게 함으로써 내 의견이 채택되도록 하는 것이다. -로버트 치알디니
- 전화는 매우 강력한 보험사업의 무기이다. 일을 효율적으로 하려면 고객을 만나기 위해 거리에서 이동하는 시간은 줄이고 그 대신 고객과 얼굴을 마주하는 시간과 전화통화 시간을 늘려 나가라. -존 오웬즈
- 유망고객과 개인적으로 만나는 일은 내가 그 유망고객의 일을 가치 있게 생각하고 또 존중하고 있음을 보여주는 기회가 된다. -존 로드
- 만약 고객에게 권유할 마땅한 상품이 없으면 고객이 필요로 하는 보장과 서비스를 포함할 수 있는 상품 개발을 회사에 요청하든지 아니면 그에 적합한 다른 회사의 상품을 제안하여 고객의 이익이 최우선이라는 보험십을 실천해야 한다. -솔로몬 힉스
- 고객이 더 빨리 결정을 내리게 유도할수록 당신이 원하는 것을 얻을 가능성이 더욱 커진다. 고객에게 생각할 시간을 오래주면 줄수록 당신이 원하는 것을 얻을 가능성은 그만큼 줄어든다. -로저 도슨
- 보험업계에서 인정되는 비율을 보면, 10명의 사람들 중 인터뷰 약속을 잡을 수 있는 사람은 3명, 그 중 계약을 맺는 사람은 1명에 불과하다. 따라서 거래할 상대방의 특성을 면밀히 살펴봐야 한다. -브루스 에서링턴
- 고객을 배려하여 가정법을 사용하지 말고 그냥 직설법을 사용하라. "만약 ○○님이 돌아가신다

면"이라는 은유적인 표현이 아닌 "○○님이 돌아가시면"이라는 조건절로 말하라. 죽는다는 것은 가정이 아니라 필연이다. 죽음은 언제고 누구에게나 있을 가능성이 있는 필연적인 사실이므로 상담할 때는 항상 죽음에 대한 명제를 소재에서 빼놓으면 절대로 안 된다. 보험컨설턴트는 그런 필연적인 죽음이 고객에게 닥칠 경우 고객의 가정을 보호하기 위해서 재정안정 플래닝을 하는 것이다. –알 그래넘

- 고객을 만날 때에는 아무리 바빠도 반드시 고객의 스케줄에 맞추어 방문하라. 그래야만 당신이 설명하는 말들을 고객은 주의 깊게 들어준다. –존 로드
- 고객을 도우러 왔다는 인상을 심어 줘라. 고객과 함께 있는 이유는 바로 고객을 돕기 위해서라는 점을 고객에게 상기시켜야 한다. 고객으로 하여금 보험의 필요성을 느끼게 하여 보험가입을 스스로 결정하게끔 니즈를 환기시키는 데 전력을 쏟아야 한다. –알 그래넘
- 보험컨설턴트가 고객의 느낌을 파악하는 시간이 빠르면 빠를수록, 그리고 고객과의 문제에 정확하게 대처하면 할수록 그러한 문제의 정도는 줄어들며 아울러 고객과의 관계를 강화할 수 있는 기회가 더 커진다. –잭 토마스
- 직역단체에서의 상품설명회는 반드시 상대방에게 유익한 정보를 제공하는 장이 되어야 한다. 단지 판매를 하는 데만 포커스를 맞추면 안 된다. –시바타 가즈코
- 고객 개개인에 대한 신뢰와 확신, 친밀성 등에 따라 고객을 달리 대하라. –가이 베이커
- 프레젠테이션을 클로징으로 이끌어내려면 고객과 절대로 다투거나 논쟁을 하지 마라. –미국 벤 보험사 외무원 지침
- 유망고객을 발굴한 후에는 돈독한 관계를 구축하고 고객이 니즈를 깨닫게 만들어 주어 당신을 믿고 상품을 구매하도록 만들어야 한다. –리처드 루이스
- 보험은 정말 대단한 특징을 갖고 있는 상품이다. 만일 고객이 가입할 능력이 없다고 말한다면, 그들로 하여금 가입하지 않으면 안 된다는 사실을 깨닫도록 해줘라. 보험료에 대해 걱정을 한다면 필요한 보장을 얻기 위한 최선의 방법을 설명해 줘라. –스킵 쇼프
- 보험컨설턴트는 누구에게 무엇을 파는 것이 아니라 단지 사람들이 사도록 만드는 것뿐이다. –로저 도슨
- 고객은 한 가지 보험상품만을 가지고 설명할 때보다 3가지의 상품을 제시하면서 설명하면 계약을 체결할 확률이 훨씬 더 높다. –LIMRA
- 만약 어떤 사람에게 백만 달러짜리 보험을 팔기로 생각했다면 2백만 달러짜리를 한번 권유해

보라. 어떤 일이 일어날까? 그는 아마도 2백만 달러 보험증서에 사인을 할 것이다. 아니면 최악의 경우라도 백만 달러는 가능하다. 그러나 처음부터 50만 달러로 시작한다면 50만 달러로 종결될 수도 있다. 그러므로 크게 생각하라. –메이디 파카르자데

- "안녕하십니까? 저는 ○○보험회사 보험컨설턴트인 ○○○입니다. 저는 ○○님께서 하시는 이 일을 잘 보존시키는 데 도움이 되는 좋은 아이디어를 갖고 있습니다. 시간을 내어주시면 이에 관한 정보를 알려드리고 싶습니다." 이것이 내가 개척영업 할 때 주로 활용하는 접근 화법이다. –스티븐 소모기

- 인간은 누구나 자유와 프라이버시를 중요시하기 때문에 단 한 가지의 선택만을 강요한다면 심리적으로 그 상황을 도저히 참지 못한다. 세일즈 달인은 상대방이 선택할 수 있도록 2가지 이상의 옵션을 제기한다. –로저 도슨

- 나의 질문에 고객이 대답을 하면 나는 그 대답을 다시 한 번 반복하여 언급하되 문맥 사이를 잠시 멈추며 여운을 주는 방법을 사용한다. 그러면 대부분의 고객은 곧바로 세부적인 대답을 다시 한다. –케빈 오델

- 만약 계약이 성사되지 않는다면 고객 자신이 보험을 가입하지 않음으로 인해 위험 발생 시에는 어떠한 보장도 받을 수 없다는 점을 명심하게 해야 한다. 즉, 보험을 가입하지 않아서 실질적으로 손해를 보는 사람은 내가 아니라 고객 자신이라는 사실을 깨닫게 하는 것이 무엇보다 중요하다. –알 그래넘

- 고객과 전화 통화를 하든, Fact-Finding을 하든, 프레젠테이션을 하든, 계약을 체결하든 보험에이전트는 날마다 배우의 역할을 하는 사람이다. 따라서 고객에게 빙의되도록 프로의 기질을 발휘해야 한다. –어니 니벤스

고객거절 처리 및 응대 비법

- 나는 금맥으로부터 3피트 앞에서 걸음을 멈추었다. 그러나 앞으로는 내가 고객을 찾아가 보험을 사라고 할 때 고객이 보험을 안 든다고 아무리 "안 사요" "아니오"를 연발해도 나는 결코 물러서지 않으리라. –다비

- 보험상품의 판매는 거절당했을 때부터 시작된다. 거절당한 순간부터 영업실적을 차곡차곡 쌓

을 수 있다. 고객의 거절은 판매활동의 시작이다. -엘머 레터만
- 고객거절의 대상은 나 자신이 아니라 상품과 서비스라는 점을 명심하라. 고객과 단순한 커뮤니케이션을 넘어 감정적으로 가까이 갈 수 있도록 정서적 유대감을 형성하라. -조셉 조던
- 고객이 상품 구매의 결정을 연기하는 것은 그들에게 상품에 대한 정보가 더 필요하다는 의미다. -가이 베이커
- 내가 고객에게 상품을 판매하려고 할 때, 결코 극복할 수 없는 단 한 가지의 거절이 있는데, 그것은 바로 유망고객이 자신의 가족을 돌보는 데 대한 관심이 전혀 없는 경우다. 만일 어떤 유망고객이 보험에 가입하고 있지 않다면, 극복하기 힘든 경우가 될 수는 있으나 그것이 거절 자체는 아니다. 그것은 거절하는 하나의 이유에 불과하다. -개리 시츠만
- 보험영업은 끊임없이 고객거절과의 싸움이다. 거절을 극복하는 보험에이전트만이 성공의 대열에 오를 수 있다. 거절 처리 기술을 익히고 또 익혀라. -버트 팔로
- 당신의 질문에 고객의 대답이 No보다는 Yes가 많도록 고객을 설득하라. -밴 프랭클린
- 고객으로부터 한 번도 거절당하지 않고 미래 효용이 나타나는 추상적인 보험상품을 판매했다면 그것은 어떤 의미에서 완전판매를 한 것이 아니다. -엘머 레터만
- 거절당하고 실망하게 되더라도 연연해하지 말자. 나는 매일 모든 면에서 강해지고 있다. -주얼 D. 테일러
- 어느 기업체에서 2년 동안 방문판매 성과와 관련하여 각종 보고서를 연구했다. 그 결과 75%의 거래가 다섯 번 이상 찾아가야 했던 것이라는 사실을 발견하고는 깜짝 놀랐다. 그러나 또한 83%가 다섯 번을 채 찾아가기도 전에 그 가망고객을 포기한다는 사실도 알아냈다. -프랭크 베트거
- 절대로 많은 말을 하지 말고 고객에게 많은 말을 하도록 만들어라. 그래야만 고객의 허점을 캐치하여 반론을 펼 수 있다. -시드니 프리드먼
- 고객에게 거절당했다는 것은 본인의 일을 제대로 수행하지 않았다는 의미다. -가이 베이커
- 경험이 적은 보험에이전트는 고객의 거절 없이 판매가 종결되길 희망하지만, 경험이 많은 보험에이전트는 거절의 이유가 밝혀지고 나면 판매 속도는 많이 진전될 수 있고 종결할 확률이 높다는 것을 알고 있다. 거절을 극복하려면 보험에이전트의 올바른 기질과 태도, 철저한 무장이 가장 중요하다. -앤 랜더
- 클로징 시에는 고객에게 이점의 절반만 설명해 주고 고객이 거절을 하도록 만들어라. 왜냐하면

고객의 거절은 나머지 절반에 해당하는 이점과 관련되어 있기 때문이다. 만일 당신이 고객에게 맨 처음부터 모든 이점들에 대해 설명을 다 해주면 고객은 싫다는 사인을 보낼 것이다. 그렇게 되면 당신은 다시 되돌아갈 과정을 잃어버리게 되고 결국 아무런 소득도 얻지 못하게 된다.
-빅 미란다

- 대부분의 경우 고객이 "한 번 생각해 보겠다"는 거절은 유망고객이 사실상 '싫다' 라고 말하고는 싶은데 돌려서 말하고자 할 때 사용하는 화법이다. 왜냐하면 다른 표현으로 거절을 할 경우 보험에이전트가 이러저러한 설명을 할 것이 분명하고, 그러한 설명들을 인내하면서 다시 듣는 것보다는 차라리 보험에이전트에게 실낱같은 희망을 남겨주는 편이 더 일을 빨리 끝낼 수 있는 방법이라고 생각하기 때문이다. -스킵 쇼프

고효율을 낳는 소개마케팅 실천

- 당신이 세일즈를 시작한다면 나는 첫날부터 소개 확보에 의한 가망고객 발굴에 착수하라고 할 것이다. 우선 친구, 친척, 친지들 중에서 자신을 문 안으로 들일만한 누구라도 찾아가라. 일단 문 안으로 들어가면 교육받은 대로 하면 된다. -알프레드 그래넘
- 신인으로서 나의 활동목표는 매주 25건의 소개를 받는 일, 그리고 트레이너가 가르쳐준 모든 기본 마케팅 원리들을 그대로 사용하는 일이었다. -제프 윌리스
- 소개를 통해 직장 내에서 상품 설명회를 개최하는 것이 가장 효율적인 보험영업방식이다.
  -시바타 가즈코
- 나는 고객들이 나와 관계를 맺고 있는 것에 대해서 너무나 행복해 하기를 바라면서 지속적으로 컨설팅한다. 그러면 그들은 나를 자신들의 가족과 친구들에게 소개해줄 것이다. -에릭 타카오
- 사람에게서 사람으로, 소개에서 소개로, 이렇게 하면 가망고객 발굴은 끝이 없다. -엘머 레터만
- 보험영업을 더욱 성공리에 이끌어내려면 소개를 통해 새로운 시장을 발굴하고 개발하라. 특히 기존고객 중 기업을 운영하는 CEO를 중점 타깃으로 삼아라. -시바타 가즈코
- 영업은 효율적으로 해야 보람을 느낀다. 제3자가 추천한 소개에서 양질의 고객을 확보하는 것이 다른 어떤 유형의 고객발굴 방법보다도 쉽고 효과가 크다. -알프레드 그래넘
- 한 푼의 소득도 당장은 생기지 않는 기존고객들을 성의껏, 꾸준히 신속히 관리하는 것이 중요

하다. 그 안에서 당신도 모르는 사이에 소개가 움트기 때문이다. -스즈키 야스토모
- 사적으로 뭉친 다양한 모임은 좋은 소개의 원천이 된다. -호세 페르난데스
- 고객을 처음 만났을 당시의 상황보다 그 고객을 훨씬 더 좋은 상황에 처하도록 만들어 주면 고객은 계속해서 소개원을 공급해 준다. -스티븐 블라운트
- 가망고객을 잘 발굴하는 비결은 끊임없이 소개마케팅을 활용하여 소개 확보 전략을 모색하는 것이다. 소개 확보를 통한 신규고객 발굴과 계약체결이야말로 고소득을 확실하게 보장해주는 비결이다. -시드니 프리드먼
- 보험세일즈 생활 30년이 지난 지금까지 내가 확보한 고객은 25,000명이 넘는다. 체결한 계약 중 소개를 받고 계약한 고객들을 종합적으로 분석해 보면 계약 성공률이 80% 정도 된다. 내 세일즈 인생에 있어서 소개는 오늘의 나를 낳게 한 뿌리다. -시바타 가즈코
- 소개를 부탁할 때에는 보다 구체적으로 요청하고 소개를 받으면 피소개자에 대해 가능한 한 많은 자료를 수집하라. -스티븐 블라운트
- 단지 영업만 해서는 안 된다. 영업을 하면서 고객에게 다른 상생의 도움이 될 수 있는 일을 병행해 신뢰가 더욱 돈독해져야만 소개계약이 나온다. -데이비드 로
- 소개를 받고 상품을 판매하기 위해서는 상품과 자신에게 생명력을 불어 넣어야 한다. 소개 확보의 길만이 당신을 성공으로 이끌어주는 유일한 길이다. -버트 팔로
- 소개를 받는 일보다 더 중요한 것은 소개받은 사람들에게 접근하여 일을 진행해 나가고자 하는 훈련과 동기의식이다. -빌 루이
- 가치가 겸비된 서비스는 소개를 유도한다. 당신이 유익한 일을 하고 있다면 사람들은 자연스럽게 알게 된다. -프랭크 크리건
- 소개에 의한 고객발굴보다 더 나은 것은 없다. 장기간 고소득을 보장받으려면 반드시 꼬리에 꼬리를 물고 소개가 이루어지는 소개마케팅을 실천에 옮겨 나가야 한다. -알프레드 그래넘
- 전문적인 조언가가 소개자로서 가장 적격이다. 그들과 연계 맺어 사회활동에 참가하라. 그들의 품격에서 보석 같은 소개가 쏟아진다. -윌리엄 레이스먼
- 계속하여 소개를 요청하라. 소개받은 사람이 없는 것은 당신이 요청하지 않았기 때문이다. 소개는 생명줄이다. -자니 애드콕
- 세일즈가 일상화되어야만 롱런할 수 있고, 소개 확보가 가능해야만 성공할 수 있다. -벤 펠트만
- 고객과 있는 모든 순간 소개 용지를 꺼내라. 이것은 별개의 판매나 마찬가지다. -레스터 로젠

- 기존고객은 최선의 협조자이다. 기존고객은 상품을 이해하고 있기 때문에 소개를 얻어내는 데 보다 확실하고 용이하다. -클레멘트 스톤
- 소개 확보에 가장 적당한 기회는 세일즈 프로세스마다 늘 주어져 있다. 반드시 계약을 체결한 다음이라고 생각하지 마라. -알프레드 그래넘
- 내가 고객과 열 번 이야기했다고 했을 경우, 그 중 아홉 번의 대화는 가족과 인생에 대한 이야기이고 나머지 단 한 번만 상품에 관한 이야기를 한다. 이것이 내가 소개 확보를 통해 성공할 수 있는 비결이다. -론 폴신
- 방문고객이나 지인은 아주 좋은 소개원이 되어 준다. 그들은 내가 그들을 위해 한 일로 얻은 이익과 내가 그들을 위해 노력하고 있는 것을 알기 때문이다. -레스터 로젠

신뢰구축 및 충성고객 확보

- 최고의 보험 판매왕은 물건을 팔아치우는 데 그치지 않고 고객의 고민을 함께 나누고 가능한 한 고객의 일에 협력하는 사람이다. -엘머 레터만
- 고객과 항상 신뢰의 파트너십을 유지하는 것이 보험에이전트로서 성공하는 지름길이다. -알란 바이스
- 보험에이전트가 고객과 장기적인 관계를 맺는 것은 재정컨설턴트로서의 기본 영역이며 의무이다. -조지 피켓
- 비록 지금 당장 판매의 기회를 잃는다 해도 언제나 고객에게 솔직하라. 정직만이 세일즈 성공의 최선책이다. -가이 베이커
- 고객은 중요한 사람으로 대접받고 싶어 한다. 그런 고객의 심리대로 행동하라. -버드 바게트
- 원래부터 보험세일즈에 적격인 사람은 없다. 판매왕이 되려면 자신을 스스로 가다듬는 길밖엔 없다. -프랭크 베트거
- 나는 항상 내 고객에게 봉사할 수 있는 더 나은 방법을 찾고 고객이 다른 어느 곳에서도 얻을 수 없는 것을 제공할 수 있는 방법을 언제나 모색한다. -솔로몬 힉스
- 독특하고 기억될 만한 것을 고객에게 선물하는 것은 훌륭한 투자가 될 수 있다. -시바타 가즈코
- 직장에서 가장 영향력 있는 사람을 협력자화 하는 데 전력투구하라. 그리하여 그 사람을 당신

의 고객 리스트에 되도록 빨리 올리도록 당신의 진정한 가치를 보여줘라. -클라우드 스터블필드
- 진정한 영업은 고객이 보험상품을 구매한 이후부터 시작된다. -질 그리핀
- 내가 고객들에게 다가가는 이유는 면담을 요구하고자 하는 것이 초점이 아니다. 중요한 것은 고객이 언제나 '나의 마음속에 있다' 라는 사실을 알리고자 함이다. -제프 린드퀴스트
- 고객들과의 신뢰와 우정이야말로 내게 있어 가장 큰 동기를 부여해 주는 중요한 요인이다. -테리 브라이트보드
- 고객과의 신뢰관계는 대답을 함으로써 이룩되는 것이 아니다. 그것은 명예를 지킴으로써 즉, 약속을 반드시 수행함으로써 이룩되는 것이다. -모리에 카나한
- 지속적인 성공을 원한다면 보험상품이 아니라 인간관계를 팔아라. -가이 베이커
- 언제나 시간을 잘 지키는 매너를 지녀야 한다. 그것이 신뢰를 가져오는 초석이다. -프레드 하그만
- 보험영업을 하면서 치명적인 문제는 실수 자체가 아니라 실수했을 경우 그것을 인정하지 않거나 덮어두려는 행동이다. 자신의 실수를 고객에게 고백하고 곧바로 그것을 수정하기 위해 최선을 다한다면 거의 대부분의 경우 긍정적인 결과를 가져온다. -모리에 카나한
- 사람들에게 내가 많이 안다는 것을 보여주기 전에 내가 그들에게 관심이 많다는 것을 먼저 보여줘라. 가장 많이 주는 사람이 가장 많이 받는다. -프란 재코비
- 세일즈는 전화통화로 해결되는 것이 아니다. 길을 가다가 마주치는 만나는 인연 있는 사람들을 모두 다 내 고객으로 만들어라 -솔로몬 힉스
- 적극적인 고객이란 현재 상품을 구매했거나 또는 여러 가지 타당한 이유로 인해 앞으로도 다시 구매하리라고 기대되는 고객을 말한다. 비록 구매의 대상이 아니라도 그가 지불한다면 그는 분명 고객이다. 이런 고객을 잘 관리해야 한다. -알 그래넘
- 보험영업은 상품을 팔기 전에 인간관계를 팔아야 한다. -엘머 레터만
- 고객의 성향과 그들의 니즈와 구매심리를 진정으로 깊이 돌보아라. 금전적 성공은 그 뒤에 따라오는 것이다. 돈을 위해서만 일한다면 돈을 못 벌 것이다. -버트 마이즐
- 보험에이전트 경력 초기 10년까지는 신규고객이 늘면서 고객의 말을 듣고 이해하는 학습과정이므로 많은 고객을 확보해야 단골고객도 증가하고 또 그 단골고객에 의한 소개영업으로 이어질 수 있다. -조지 피켓
- 기존 고객이나 추천으로 알게 된 고객이 완전한 신규고객보다 우선 되어야 한다. 기존고객이

최고의 단골고객이다. -랠프 로버츠
- 고객과의 관계형성은 단지 외적인 관계로 맺어짐이 아닌 내부적인 끈으로 연결되도록 만들어야 한다. 그래야만 당신의 모든 면을 고객은 신뢰하게 된다. -리처드 루이스
- 나의 영업 비법은 한 세대에서 다음 세대로 이어지는 고객층을 확보하고 있는 것이다. 즉, 고객가족을 모두 내 고객으로 만드는 것이다. 나는 내 고객 자녀들도 속속들이 알고 있으며 그들에게도 편지를 써 보낸다. -웨인 콜린스
- 자신의 고객들을 늘 장기적인 안목으로 바라보라. 그리고 그들의 보험 니즈에 대하여 정기적으로 체크하면서 고객관계를 한결같이 유지하라. -스킵 쇼프
- 고객 확보는 보험영업의 처음이자 끝이다. 환경과 여건에 따라 다소 차이는 있으나 계속 살아남기 위해서는 적어도 최소한 항상 100명 이상은 유망고객을 계속적으로 확보하고 있어야 하며, 부진하여 50명이 안 될 때는 보험에이전트는 아무리 고액계약자를 데리고 있어도 종국에는 죽고(탈락)만다. -LIMRA
- 사람은 서로 의존해야 살 수 있는 존재이며 그 가운데 친절을 더하면 성공을 기대할 수 있다. 고객과의 신뢰구축을 위한 제1요소는 친절이다. -아델리아
- 내게 있어 가장 큰 정보 공급원은 바로 내 가족들이다. 가족과 식탁에서 보험사업에 대해 허심탄회하게 이야기할 수 있어야 한다. -톰 드라이넌
- 보험에이전트가 하는 일의 99%는 고객과의 관계를 구축하는 일이다. 그리고 그러한 신뢰관계를 향상시킬 수 있는 최상의 방법은 고객이 해야 하는 말을 귀담아 듣고 고객에게 이익을 제공하는 것이다. -어니 니벤스

역경과 슬럼프 극복 방법

- 내가 한 번만 더 권유하면 이 사람이 상품을 가입할지도 모른다. 여기서 멈추면 나는 결코 나의 꿈인 백만장자가 될 수 없다. -다비
- 부정적 상황은 영감의 원천이다. 부정적 상황에서 영감을 얻으려는 사람은 긍정적 결과를 창조하지만, 그렇지 못한 사람은 시련 속에 주저앉고 말 것이다. -시바타 가즈코
- "나는 성공할 수 있어!"라고 생각할 때와 "나는 실패할 거야!"라고 생각할 때는 똑같은 양의 두

뇌 에너지를 소모한다. 두 가지 생각의 차이라면 하나는 당신에게 활력을 불어넣고, 다른 하나는 당신의 힘을 약화시킬 것이다. -솔로몬 힉스

- No Yesterday! 과거는 필요없다. Not Tomorrow! 내일도 아니다. Just Right Now! 오직 오늘뿐이다. -콘래드 힐튼
- 아무리 불황이 다가와도 무조건 보험영업이 안 된다는 비관적인 생각을 버리고 긍정적 마인드로 계속해서 고객들과 연락하고 만나라. -가이 베이커
- 성공한 사람 중에 부정적인 사람은 없다. 실패에 좌절하지 않고 긍정적인 마인드로 오로지 연습에 연습을 한 결과 성공의 반열에 오른 것이다. -도널드 코넬리
- 나의 보험영업의 성공비결은 영업이 아무리 힘들어도 고객의 신뢰를 받으면 언젠가는 성공할 수 있다는 긍정적이고 적극적인 자세와 확신에 있다. -클레멘트 스톤
- 보험에이전트로 성공하기 위해 이제부터 나는 내 자신과 싸워나가야 한다. -하라 잇베이
- 자신에 대한 확고한 믿음이 슬럼프를 극복하는 제일 조건이다. -하워드 캐칭스
- 이 세상에 문제없는 일이란 없다. 단지 차이는 문제가 닥쳤을 때 그를 어떻게 대하는가이다. -메이디 파카르자데
- 영업실적이 장기간 별로 안 나오면 누구나 슬럼프에 빠진다. 이럴 땐 원인분석을 빨리 해야 한다. 슬럼프에 빠져들면 헤어나기 힘들므로 마음을 보다 여유롭게 갖는 자세가 중요하다. -하라 잇베이
- 현 위치가 불안한가? 오히려 그것을 발판으로 하여 도약할 기회로 삼는다면 그것이 축복일 수 있다. -시드니 프리드먼
- 내가 만일 힘들다고 포기한다면 나는 반드시 실패하고 말 것이다. -빌 루이
- 인생에서 실패는 선택할 수 있는 사항이 아니다. 내게 있어서 실패란 내 가족들에게도 바로 영향을 미치는 것이다. -랜디 스톨츠
- 영업을 방해하는 요인들이 자신을 꼼짝 못하게 막거나 좌절에 빠지도록 내버려두면 안 된다. 스스로를 곧바로 다시 세워 다시 시도해 보라. -빌 루이
- 나는 슬럼프에 빠졌을 때 반드시 필요한 몇 가지의 중요한 것들을 깨달았다. 그것은 바로, '나 자신을 스스로를 믿을 것' '상품을 믿을 것' '회사를 믿을 것' 이었다. -잔느 아멜리
- 열심히 일하지 않으면 근심이 생긴다. 나는 이러한 가치관을 갖고 있기 때문에 어떠한 힘든 상황에 부딪히더라도 내가 해야 할 활동들을 꾸준히 해나가려고 노력한다. -제프 윌리스

- 방문고객들에게 거절만 당하니까 좌절감보다는 오히려 오기가 생겼다. 그 때 나는 "상처 입은 조개가 진주를 만든다"는 카네기의 말을 되새기면 용기를 가졌다. -프랭크 베트거
- 나는 내 자신에 대한 자부심을 갖고 있기 때문에 어려운 상황이 오더라도 스스로에게 이렇게 말하곤 한다. "하루하루가 나에게는 새로운 날이 될 것"이라고. 나는 늘 그렇게 명심하고 있다. -랜디 스톨츠
- 내가 어렸을 때 나는 말을 너무 더듬어서 전화도 받지 못했다. 언어 교정 학교에 다니고 웅변 수업을 받으며 피나는 노력을 했다. 그 결과 오늘의 내가 되었다. -레이 버스비
- 나는 귀머거리이지만 14년 연속 MDRT 회원이 되었다. 들을 수는 없었지만, 고객의 입술을 읽음으로써 대화하는 법을 배웠다. 주어진 여건에 굴복하지 말고 실패하는 것이 불가능하도록 행동하라. -폴 제퍼스
- 성공 에이전트가 되는 것은 시간과 인내력과 자신감의 문제이다. 고객들로 하여금 시간이 흐름에 따라 더 많은 돈을 내도록 만들기 위해서는 인내심을 갖고 그들과 관계를 구축해 나가야 한다. -스킵 쇼프
- 좋은 것에는 늘 고통이 따른다. 고소득을 올리려면 그에 따른 고난도 감수해야 한다. -론 워커
- 긍정적이어야만 한다. 열정적이어야만 한다. 뚜렷한 목표를 세워야만 한다. 반드시 성공할 수 있다는 자기확신이 있어야만 한다. 나는 이런 신념으로 일하여 매우 힘든 상황을 극복할 수 있었다. 그리고 지금의 내가 있게 되었다. -잔느 아멜리
- 나에게 용기를 주고 격려가 되는 내가 확고하게 수립하면서 실천해 나가는 목표 요인들은 힘들 때 나를 일으켜 주고 나로 하여금 많은 수입을 벌어드리게 하면서 동시에 내 가족들과 함께 여가를 보내는 시간이 충분하도록 만들어 주는 고마운 자산이다. -캐시 대번포트

나만의 보험영업 성공 비결

- 보험에이전트는 샐러리맨이 아니므로 무엇보다 중요한 것은 자기확신이다. 자신에게 스스로 동기를 부여하고 자신을 믿지 못한다면 보험영업으로 성공할 수 없다. -하워드 캐칭스
- 나는 후배들이 보험세일즈 비결을 물을 때 냉정하게 딱 잘라 말한다. 일단 한번 죽을 힘을 다해 톱의 자리에 올라 보라고, 그러면 누가 가르쳐 주지 않아도 그 비결들이 한눈에 굽어보인다고,

꼭대기에 올라선 자만이 볼 수 있는 풍경을 어떻게 말로 설명해 줄 수가 있겠느냐고…정상에 올라야만 보이는 풍경이 있다. -하라 잇베이

- 매일 아침마다 나 자신에게 동기부여를 해주는 것은 내가 침실의 화장대 거울에 붙여둔 조각들이다. 나는 다가올 시상과 관련된 기사와 사진들을 거울에 붙여 놓는다. 거기다 내 인생의 목표들이 리스트된 목록도 함께 붙여 놓는데 이렇게 목록에 적힌 목표들을 달성하게 되면 그 달성한 목표들은 하나씩 명단에서 지워나간다. 이것이 오늘날의 나를 있게 한 원동력이다. -캐시 대번포트
- 고객과의 약속시간에 단 2분이라도 늦으면 반드시 전화한다. 사소한 것을 철저하게 실천한 것이 일등 영업의 비결이다. -가와다 오사무
- 고객과 면담이 이뤄지면 고객이 안고 있는 가장 큰 문제점이 무엇인지 간파하고 당신이 팔고자 하는 상품이 고객의 당면 문제를 해결해 준다는 사실을 암시하라. -프랭크 베트거
- 보험사업에서 성공하려면 수많은 고객 리스트를 개발하고 유망고객 발굴 활동에 주력해야 한다. 수백, 수천 명의 유망고객을 개발하는 유망고객 발굴 시스템을 갖는 것이야말로 성공하는데 필수 요소이다. -리처드 루이스
- 상대방의 신분에 따라 품격을 올려주는 호칭을 사용하면 고객의 마음에 기분 좋은 파장을 가져와 세일즈 효과는 보다 빨리 나타난다. -프랭크 베트거
- 보험영업을 재미와 보람을 느끼기 시작하는 것, 그것이 영업의 세계에서 성공할 수 있는 제1의 비결이다. -와다 히로미
- 자신감을 갖고 만나는 고객에게 당당히 이야기할 수 있는 힘, 자신을 신뢰해 주는 협력자들을 꾸준히 개발해 나감으로써 유망고객 망을 늘려 나가는 일, 그것이야말로 보험사업 성공의 밑거름이다. -리처드 루이스
- 당신이 교육받은 원칙들을 실제로 적용하기 위해 노력하고 또 많은 사람들을 꾸준히 만난다면 반드시 성공하게 될 것이다. -노먼 레빈
- 영업성공 비결은 고객과의 커뮤니케이션을 통해 충성고객을 확보하는 것이다. -세스 고딘
- 내가 성공할 수 있도록 도움을 준 요소는 바로 세미나 개최였다. 일반적으로 에이전트들은 세미나를 조직해서 개최하기까지에는 너무나 많은 시간과 돈이 필요하다고 생각한다. 하지만 내게 있어서 세미나를 개최한 일은 정말로 유용한 기회가 되었다. -레슬리 토머스
- 영업성공의 비결은 생생하게 상상하고 간절히 바라며 깊이 믿고 열의를 다해서 행동으로 실천

하는 것이다. -폴 마이어
- 전문지식으로 무장한 다음 친구, 친지는 물론이고 만인에게 자신의 전문성을 알리는 것이 자신을 판매하는 가장 좋은 세일즈비법이다. -랠프 로버츠
- 톱세일즈맨은 고객이 주문을 가지고 찾아와 주기를 기다리지 않는다. 고객을 찾아나서는 것, 그것이 바로 성공한 보험에이전트의 능력이다. -한스 우베 퀼러
- 내가 20년 이상 톱의 자리를 지킬 수 있었던 것은 나 스스로를 관리하는 강력한 시스템 덕분이다. 그것은 "매일매일 승리하기"이다. 매일매일 계획을 수립한 후 고객에게 전화하고, 인터뷰 약속 시간을 정하는 것 등 구체적인 시간 계획표를 짜는 것이다. 하루를 마감하기 전에 바로 다음날 할 일에 대한 계획을 완전히 마무리해 놓고 사무실을 떠나기 전 그날 한 일에 대해 점검한다. 이렇게 할 때마다 나는 내가 그날 하고자 계획했던 모든 일들을 다 했다는 것을 늘 확인하기 때문에 하루하루가 내게 있어 성공적인 날이 되었다. -리처드 폴슨
- 고객들이 당신을 자신들의 내부 세계로 끌어들이게 되면 이것은 그들이 당신을 단지 세일즈맨이 아닌 그들의 가족구성원의 한 사람으로 여기고 있다는 표시이다. 성공의 비결은 바로 이런 관계를 구축하는 데 있다. -에릭 타카오
- 비즈니스는 사람들을 만나고 또 만나고, 계속해서 꾸준히 만나는 것이다. 나는 많은 사람들과 만나 이야기를 나눈다. 이것이 바로 우리가 하는 비즈니스에서 성공하는 비결이다. -밥 테웨스
- 성공적인 보험영업은 타고난 유머감각뿐만 아니라 한 달에 10건의 청약서 작성하기를 습관으로 하는 것과 고객에 대한 정직성과 진지함에 있다고 스스로 믿고 있다. -엘런 클라크 마셜
- 고객의 마음속에 숨겨진 니즈를 찾아내고 그것을 만족시켜주는 것, 그것이 큰 성공을 향해 가는 가장 유력한 길이다 -하워드 캐칭스
- 진정으로 그들을 도와주는 사람으로서 고객과 함께 보내는 시간에 우선 투자하라. 고객과의 관계를 어떻게 친밀하게 만들 것인가 하는 문제에 더 많은 시간을 할애해야 평생 보험에이전트의 길을 갈 수 있다. -노먼 리바인
- 보험사업에서 성공하려면 선교사도 되고 용병도 되어야 한다. -고르디 로스
- 보험에이전트로서 성공의 척도란 다른 사람의 삶의 인생에서 우리 자신을 재현해내는 우리의 능력이다. -솔로몬 힉스
- 당신이 세운 전체의 목표를 하루 단위로 쪼개라. 그리고 하루치의 목표를 반드시 달성해 나가라. 그러면 꿈이 실현될 것이다. 실패나 성공은 하루를 기본으로 하여 쌓이는 것이다. 하루의

목표를 세워 실천할 용기가 있다면 당신은 바로 성공으로 가는 길 위에 서 있는 것이다.
-토니 고든

- 나의 보험영업 성공 비결은 긍정적인 마인드와 끊임없는 활동, 차별화된 서비스이었다.
-가이 베이커

- 보험에이전트가 성공하기 위해 가장 필요한 것은 목표의식의 강렬함과 일에 대한 열정이다.
-엘머 레터만

- 자신이 하는 보험사업을 진정으로 사랑하고 즐기면서 자손에게 대물림을 해준다는 굳은 각오로 한다면 반드시 성공할 수 있다. -클라우드 스터블필드

- 나는 보험영업에 있어서 다른 사람보다 뛰어나다고 생각하지 않는다. 다른 것이 있다면 다른 사람보다 더 열심히 성공하는 방법을 배우려고 노력했을 뿐이다. -시드니 프리드먼

- 그날그날 해야 할 일들을 달성하고 철저한 기록 관리해 나가는 것이 보험영업 성공의 비결이다. -존 로드

- 보험사업에서 활동은 성공의 열쇠지만 아무 활동이나 의미하는 것은 아니다. 성공을 창출하는 활동이란 가망고객들 앞에 자신을 드러내는 것을 의미한다. 올바른 태도와 활동은 성공을 위한 보장된 공식이다. 경험, 지식, 시장이 필수 요건이지만 올바른 태도가 없다면 성공할 수 있는 기회는 아주 작다. -알프레드 그래넘

- 보험에이전트라는 비즈니스에서 성공하기를 원하는 사람이라면 보험을 생활화 하라. 절대로 쉬지 말고 일년 365일을 보험사업을 위해 일하라. 나는 오로지 보험영업에만 전념을 다했다. 결국 나는 목표를 달성하고 나서야 행복한 가정생활로 돌아왔다. -스티븐 소모기

- 나는 보험업을 매우 사랑한다. 날마다 판매를 성공적으로 달성할 수 있도록 내게 가장 큰 힘을 제공해주는 존재는 바로 사랑하는 나의 가족들이다. -랜디 스톨츠

중앙경제평론사
중 앙 생 활 사

Joongang Economy Publishing Co./Joongang Life Publishing Co.
중앙경제평론사는 오늘보다 나은 내일을 창조한다는 신념 아래 설립된 경제·경영서 전문 출판사로, 성공을 꿈꾸는 직장인, 경영인에게 전문지식과 자기계발의 지혜를 주는 책을 발간하고 있습니다.

부자되는 보험마케팅 성공의 법칙

초판 1쇄 발행 | 2011년 8월 27일
초판 2쇄 발행 | 2012년 4월 20일

지은이 | 김동범(Dongbeom Kim)
펴낸이 | 최점옥(Jeomog Choi)
펴낸곳 | 중앙경제평론사(Joongang Economy Publishing Co.)

대　　표 | 김용주
책 임 편 집 | 이상희
본문디자인 | 이여비

출력 | 영신사　종이 | 타라유통　인쇄·제본 | 영신사

잘못된 책은 바꾸어 드립니다.
가격은 표지 뒷면에 있습니다.

ISBN 978-89-6054-083-5(13320)

등록 | 1991년 4월 10일 제2-1153호
주소 | ⓟ100-826 서울시 중구 다산로20길 5(신당4동 340-128) 중앙빌딩 4층
전화 | (02)2253-4463(代)　팩스 | (02)2253-7988
홈페이지 | www.japub.co.kr　이메일 | japub@naver.com | japub21@empas.com
♣ 중앙경제평론사는 중앙생활사·중앙에듀북스와 자매회사입니다.

Copyright ⓒ 2011 by 김동범
이 책은 중앙경제평론사가 저작권자와의 계약에 따라 발행한 것이므로 본사의 서면 허락 없이는 어떠한 형태나 수단으로도 이 책의 내용을 이용하지 못합니다.
※ 이 책은《내 생애 최고의 보험세일즈》를 독자들의 요구에 맞춰 수정·보완하여 새롭게 출간한 것입니다.

▶홈페이지에서 구입하시면 많은 혜택이 있습니다.

※ 이 도서의 국립중앙도서관 출판시도서목록(CIP)은 e-CIP 홈페이지(www.nl.go.kr/cip.php)에서 이용하실 수 있습니다.(CIP제어번호: CIP2011003135)